Typisch
Fränkisch

Werner Dettelbacher

Typisch Fränkisch

FLECHSIG TYPISCH

Umwelthinweis:
Dieses Buch und der Umschlag wurden auf chlorfrei gebleichtem Papier gedruckt.
Die Einschrumpffolie – zum Schutz vor Verschmutzung –
ist aus umweltverträglichem und recyclingfähigem PE-Material.

Trotz intensiver Bemühungen war es nicht möglich,
alle Rechteinhaber zu ermitteln.
Wir bitten diese sich an den Verlag zu wenden.

Sonderausgabe für Flechsig-Buchvertrieb
Genehmigte Lizenzausgabe für Verlagshaus Würzburg GmbH & Co. KG, Würzburg

Originalausgabe: Weidlich Verlag, Würzburg
Printed in Spain 2001
ISBN 3 – 88189 – 399 – 7

Inhaltsverzeichnis

»Habe den Franken zum Freund,
nie zum Nachbarn.«

Römisches Sprichwort

Herkunft, Ruhm, Name und etliche Schicksale der Franken

Einer meiner Lehrer, stolz auf Generationen Schweizer Bergbauernvorfahren, pflegte uns ostfränkische Schüler damit zu reizen, daß er behauptete, unsere Ahnen seien nichts anderes als »die Fußkranken der Völkerwanderung« gewesen. So sehr uns das in Rage brachte, ein Korn Wahrheit steckt schon darin. Jahrhundertelang saßen zwischen dem Odenwald und Spessart im Westen und dem Fichtelgebirge im Osten des Raumes, der dann Ostfranken wurde, die Kelten. Sie nutzten vor allem die wertvollen Löß- und Lehmböden und die Flußtäler, die, Bodenfunde belegen das, schon seit etwa 2000 v. Chr. bestellt worden waren. Im 2. Jahrhundert v. Chr. besaßen die Kelten »oppida«, befestigte Orte, und große Viereckschanzen, um sich bei Angriffen dort zu schützen. Genannt werden als »oppida«: der Kleine Gleichen bei Römhild/Thüringen, Mönasgada, was wahrscheinlich der Staffelstein war, die Houbirg bei Hersbruck, die Gebenbürg (»Gelbe Bürg«) bei Dittenheim auf dem Hahnenkamm, schließlich Segodunum, der riesige Ringwall Finsterlohr an der Tauber.

Um 100 v. Chr. drangen suevische Gruppen über den Thüringer Wald bis zum Main, zur Tauber und zur mittleren Altmühl vor. Nur wenige Kelten wurden erschlagen oder flohen. Die meisten unterwarfen sich den zahlenmäßig schwächeren Siegern, wurden zum Teil in die Waldgebirge wie die Rhön abgedrängt; noch im Mittelalter hieß die Rhön Buchonien, das »Buchenland«. Ein Zweig dieser Eroberer, die Markomannen, was Mark- oder Grenzleute heißt, wurden 9 n. Chr. von den Römern geschlagen, räumten das Obermaingebiet und wanderten unter ihrem König Marbod nach Böhmen ab, wo sie einen mächtigen Völkerbund bildeten, den 17 n. Chr. Armin der Cherusker sprengte.

Inzwischen hatten die Hermunduren den heutigen Thüringer Wald überschritten, trafen aber 6 n. Chr. auf den römischen Statthalter Domitius Ahenobarbus. Es kam nicht zum blutigen Gefecht, sondern Domitius schloß mit den Hermunduren einen Pakt, wies ihnen die Maingebiete als Siedlungsraum an und gestattete ihnen den Handel mit der römischen Provinz

Rätien und deren Hauptstadt Augsburg. Wehren mußten sich die Hermunduren, wie Tacitus berichtet, 57 oder 58 gegen die Chatten, die Ahnherrn der Hessen, die an die exportträchtigen Salzquellen herankommen wollten, die vermutlich bei Neustadt/Saale genutzt wurden. Da die Hermunduren siegten, mußten die Chatten ihr Gelöbnis nicht einlösen, das feindliche Heer mit Mann und Roß dem Merkur zum Opfer zu bringen.
Über das Main- und Taubergebiet kam keine der germanischen Völkerschaften hinaus, weil die Römer ihr Vorfeld, das Dekumatland, geschützt hatten. Von Großkrotzenburg bis Miltenberg bildete der Main den »nassen Limes«, von Bürgstadt bei Miltenberg zog der obergermanische Limes, ein mächtiges Pfahlwerk mit Graben und Wachttürmen, nach Lorch, wo der rätische Limes abbog nach Kelheim und zur Donau. An wichtigen Punkten war der Limes mit Kastellen bestückt, in denen Legionäre stationiert waren, aber auch Veteranen und Händler wohnten. Aus solchen Kastellen entwikkelten sich die fränkischen Städtchen Obernburg am Main, Miltenberg, Walldürn, Osterburken, Jagsthausen, Öhringen und Murrhardt.
Im gleichen Jahr 166, als die Markomannen von Böhmen aus über die Donau setzten und nach Oberitalien vordrangen, durchbrachen die Hermunduren und inzwischen ins heutige Mittelfranken nachgerückte Semnonen, die sich Alemannen nannten, den Limes und zerstörten die Kastelle Weißenburg, Pfünz und Abusina bei Einung. Zwar kann Kaiser Caracalla 215 die Alemannen nochmals zurückwerfen, doch gelingt 233 der Durchbruch der Alemannen an so vielen Stellen des Limes, daß die Römer endgültig hinter die Donau abrückten.
Schon war die Beute gefährdet, denn die Burgunder drängten ins Obermainland, drückten die Hermunduren nach Thüringen, die Alemannen zum Neckar ab. Erst 290 konnten sie an den Rhein vertrieben werden, wo Worms der Sitz ihrer Könige wurde. Die Alemannen legen derweil zahlreiche Dörfer im Südwesten unseres Raumes an, bis heute an der Nachsilbe »-ingen« zu erkennen.
Erst 430 beginnt die Völkerwanderung, die mein Lehrer meinte, »Fußkranke« zu hinterlassen. Die Flüchtlinge vor dem Hunnensturm treffen ein, Splitter der germanischen Stämme der Wandalen, Alanen, Quaden, Heruler, Gepiden, die rabiat plündern und sengen, von den Eingesessenen immer wieder vertrieben werden. Am heftigsten toben die Kämpfe beiderseits der alten Völkerstraße von Pförring über Ellwangen und Wimpfen an den Rhein.
Was hier saß und sich wehrte, war eine Mischbevölkerung aus Kelten und den

wechselnden germanischen Oberschichten. Da man keine Rassen oder Rassenkult kannte, so bestanden keine Heiratsschranken zwischen unfreien Kelten und unfreien Germanen, die es als Kriegsgefangene gab, zwischen keltischen Adeligen und germanischen Adeligen.

Die Franken kommen und bringen Geschenke

Es dehnte sich also kein Vakuum zwischen Kraichgau und Grabfeld, als die Franken nach dem Sieg Chlodowechs über die Alemannen 496 in das Land um Kocher und Jagst, Tauber, Main und Saale vordrangen. Zumeist waren es Franken aus den Ardennen und Lothringen, etwas ärmlichen Gegenden, die sich als Kolonisten niederließen oder als Verwalter der Königshöfe tätig wurden, die auf herrenlosem Land oder verlassenen Adelshöfen eingerichtet wurden. Als 531 die Thüringer besiegt waren, wurden der Thüringer- und der Franken-Wald endgültig zur Grenze des neufränkischen Siedlungslandes. Die ortsansässige Bevölkerung wurde geschont, da sie zinspflichtig war. Sie erhob sich auch nicht gegen die neuen Herren, denn für einen Abgabepflichtigen war es ziemlich gleichgültig, ob er an Markomannen, Hermunduren, Alemannen oder Franken abliefern mußte.

Drei Geschenke bringen die Herren mit, die sich »frank und frei« fühlen: ihre Rechtsordnung, ihre Verwaltungsorganisation, den katholischen Glauben. Das fränkische Recht, auch nach dem Hauptstamm der Salier das salische genannt, war vom durchgebildeten römischen Recht beeinflußt und wirkte bestimmend auf die anderen Stammesrechte ein. Der deutsche König, er konnte von Haus ein Sachse, Schwabe oder Baier sein, mußte nach salischem Recht leben. Bis heute wirkt in der fränkischen Realteilung, der gleichmäßigen Aufteilung des immobilen Besitzes unter alle erbenden Kinder, ein wesentlicher Teil des fränkischen Erbrechtes weiter. Die straffe Regierung der Herzogtümer, die Aufteilung in Gaue und Hundertschaften (Zente), in Gerichtsbezirke und Kontrollinstanzen machten das im Eiltempo zusammengeraffte »Regnum Francorum« überhaupt erst regierbar.
Der Übertritt Chlodowechs 496 zum katholischen Christentum in der Kathedrale von Reims führte nicht nur zur Aussöhnung mit der gallorömischen Bevölkerung der Reichsmitte, sondern erhob die Frankenkönige auch zu Schutzherrn der römischen Kirche, die sie aufforderte, die arianisch gebliebenen Germanenstämme zu unterwerfen. Die Westgoten (507) und die Burgunder in ihren neuen Sitzen im heutigen Burgund (534) waren die ersten, die dem Arianismus abschwören mußten.

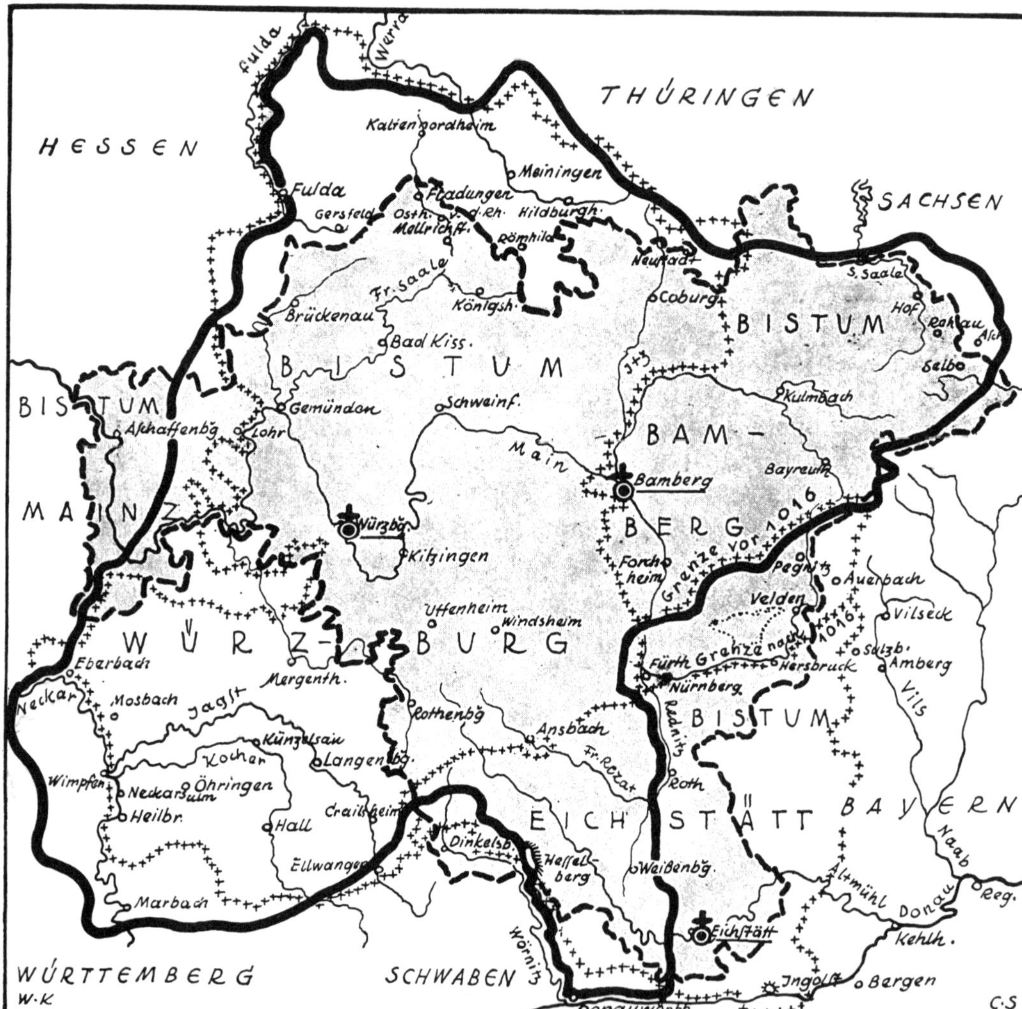

Die historische Entwicklung des fränkischen Raumes

Was die Franken damals von sich hielten

Um 500, gerade als die Franken zum Mittelmain vordrangen, wurde der LEX SALICA, dem salfränkischen Gesetz, ein Vorspruch (Präambel) zugefügt, der etwas zeigt vom Hochgefühl des erfolgreichsten Germanenstammes, der gegen Römer und Hunnen obsiegt hatte, auch etwas vom Hochmut, der die frühen Franken ausgezeichnet hat.

»Das Volk der Franken, hochberühmt, Gottes Schöpfung, tapfer in Waffen, getreu im Friedensbund, voll tiefer Weisheit beim Rat, von auserlesener Gestalt, hellleuchtendem Antlitz und hochragendem Wuchs, kühn, behend und abgehärtet, zum katholischen Glauben bekehrt und frei von Ketzerei, hat zu einer Zeit, da es noch im Barbarentum steckte, durch Gottes Eingebung den Schlüssel der Weisheit gesucht, voll Pietät nach einer seiner Art gemäßen Gerechtigkeit gestrebt. Und so haben die durch ihre Könige hierzu erwählten Edelinge Wisogast, Hodogast, Salegast und Widugast an den Orten Salikaime (Salheim), Hodokaime (Ottenheim) und Widukaime (Waldheim) in dreimaligem Thing aller Streitfälle Anlaß sorgfältig untersucht und darüber im einzelnen durch Gesetz beschlossen, wie unten geschrieben steht.

Und als mit Gottes Huld der Franken König Chlodowech, der gewaltige Stürmer und herrliche Recke, als erster die Taufe nach katholischem Bekenntnis empfangen hatte, wurde von ihm und den Königen Childebert und Chlothachar verbessert, was in diesem Gesetz nicht durchaus vollkommen war.

Es lebe, wer die Franken liebt! Christus behüte ihr Reich, erfülle ihre Lenker mit dem Licht seiner Gnade, schirme ihr Heer! ... Denn sie sind das Volk, das in seiner Tapferkeit mit gewaltiger Stärke das harte Joch der Römer im Kampfe zerbrach und nach Annahme der Taufe die Leiber der heiligen Märtyrer, welche die Römer mit Feuer verbrannten, mit Eisen verstümmelten, den reißenden Tieren zum Zerfleischen vorwarfen, mit Gold und köstlichen Edelsteinen schmückten.«

Der im Elsaß lebende Mönch Otfrid von Weißenburg schrieb zwischen 863 und 871 in die Vorrede seiner »Evangelienharmonie«, einer Ludwig dem Deutschen gewidmeten Beschreibung des Lebens Jesu in südrheinfränkischer Mundart:

»Den Römern gleichen die Franken an Tapferkeit, und daß die Griechen ihnen darin den Rang streitig machen, kann man nicht sagen; glücklicherweise haben sie auch ebensoviel Verstand. In Feld und Wald sind sie gleich kühn; machtvoll, kenntnisreich, dazu sehr tapfer und gar schnell bereit, zu den Waffen zu greifen, sind ihre Helden alle. Mit Werkzeugen,

wie sie es von jeher gewohnt waren, bebauen sie das gute Land. Es ist sehr reich an mannigfaltigem Besitz, doch das ist nicht unser Verdienst. Man gräbt dort sehr nützlich Erz und Kupfer und wirklich auch eiserne Steine.« (Damit sind die Gruben im heutigen Lothringen und Luxemburg gemeint.)
»Die Franken sind hochgemut zu vielem Guten, zu vielem Vorteil führt sie ihr Verstand. Sie sind schnell bereit, sich ihrer Feinde zu erwehren; die wagen schon gar nichts mehr, da sie überwunden wurden. Keiner von ihnen würde dulden, daß ein fremdstämmiger König über sie herrsche, der nicht bei ihnen aufwuchs, oder daß irgendeiner aus irgendeinem Volk der Erde es unternähme, sie beherrschen zu wollen. Sie fürchten niemanden, solange ihr König gesund ist ... Niemand kann ihm schaden, solange die Franken ihn verteidigen, die auf seine tapferen Taten warten, um ihn dann schützend zu umreiten.«

Das Kolonialland erbt endlich einen großen Namen

Erst die Teilungen unter den Karolingern zerlegen das »Regnum Francorum« in einen Ostteil, Austrasien, und einen Westteil, Neustrien, das, in seiner Ausdehnung später reduziert, Frankreich heißen wird. Erst als aus dem Ostteil selbständige Herzogtümer ausgewiesen werden, wie z. B. Elsaß oder Alemannien, das spätere Herzogtum Schwaben, wird auch das Herzogtum Ostfranken ausgeschieden (»pars orientalium Francorum«). Bald wird dieses riesige Herzogtum, das von Fritzlar bis Baden-Baden und von Bingen bis Pappenheim reicht, in Rheinfranken und Ostfranken unterschieden.
Seit der Mitte des 11. Jahrhunderts hat sich der Begriff Ostfranken, unbeschadet um Grenzziehungen, allgemein durchgesetzt für das Gebiet des Maines und seiner Nebenflüsse bis Miltenberg hin und das Gebiet der Altmühl bis Riedenburg hin. In diesem Ostfranken wird 1167 Gericht gehalten nach der Gewohnheit des weltlichen Gerichts im östlichen Franken (»more orientalis Franciae saeculare postulat lege ius«). Seit dem Geschichtsschreiber Otto von Freising († 1158) wird das Land in lateinischen Schriften durchweg Franconica genannt.

Vom Herzogtum Franken

Im Gegensatz zu Bayern, Sachsen und Schwaben, die als festgefügte Stammesherzogtümer heranwuchsen, oft mehrere Jahrhunderte unter der gleichen Familie regiert wurden, hatte das Herzogtum Franken (Francia orientalis) nur kurzen Bestand. Arnulf von Kärnten, unehecher Sohn des ostfränkischen Königs Karlmann, der nach der Abdankung Karls des Dicken 887 zum König erhoben worden war, stützte sich im Herzogtum Franken und in der Sorbenmark auf die Familie seiner Gattin Oda, auf die aus dem Lahngau stammenden Konradiner. Nach dem Sturz des Markgrafen Poppo von der Sorbenmark (892) konnte er die Konradiner gegen die ebenso mächtigen (älteren) Babenberger ausspielen. Als nach Arnulfs Tod (899) die weltlichen und geistlichen Großen in Forchheim, also auf fränkischem Boden, dessen sechsjährigen Sohn Ludwig IV. (»das Kind«) zum König gewählt hatten, übernahmen während seiner Unmündigkeit die führenden Adelsgruppen die Regentschaft. Die Konradiner, die um 900 einige niederrheinische und alle hessischen und mainfränkischen Grafschaften bis zur Diemel besaßen, konnten ihre Stellung in der Regentschaft nutzen und die Babenberger niederwerfen, ihren letzten Führer Adalbert 906 vor seiner Burg Theres am Main hinrichten lassen.

Nach dieser Hinrichtung nannte sich Konrad Herzog in Franken. Er wurde 911, obwohl mit den Karolingern nicht verwandt, sondern nur verschwägert, zum König gewählt, weil die vier Stämme des Ostreiches nicht ins Westreich Karls des Einfältigen einbezogen werden wollten. Konrad, in ständige Auseinandersetzungen mit Herzog Heinrich von Sachsen verwikkelt, soll, dem Sterben nahe, verfügt haben, daß Heinrich sein Nachfolger als König werde, da dieser mehr Durchsetzungskraft besitze. Damit überging er seinen Bruder Eberhard, der Herzog in Franken wurde. Bei der Krönung Ottos I., des Sohnes Heinrichs I., in Aachen 936 wurde Eberhard von Franken beim Krönungsmahl zum Truchseß erhoben.

Im Jahr darauf ging Eberhard von Franken gegen den Sachsen Bruning vor; nach dem Geschichtsschreiber Widukind von Corvei hatte der Sachse sich gerühmt, daß seinem Stamme zurecht die Königswürde zugefallen sei. Otto I. bestrafte Eberhard und seine Anhänger streng, weil sie sich auf eigene Faust Recht verschafft hatten.

Fränkischer Rechen. Wappen des Herzogtums

939 schloß sich Eberhard dem aufständischen Herzog Giselbert von Lothringen an und besetzte Breisach am Rhein. Am 2. Oktober 939 endete das fränkische Herzogtum der Konradiner, denn Eberhard fiel in der Schlacht, Giselbert ertrank im Rhein. Otto I. zog das Herzogtum ein. Fortan ging es als Krongut an die Sachsenkaiser, an die Salier und Staufer, die alle fleißig an ihre Parteigänger Rechte und Güter austeilten, besonders an die Bischöfe von Würzburg, Eichstätt und seit 1007 auch an die von Bamberg.

Daß Kaiser Friedrich I. Barbarossa 1168 die Bischöfe von Würzburg mit dem fränkischen Herzogtum belehnte, hatte keine Wiederbelebung des Herzogtums zur Folge. Es blieb bei der hohen Würde, denn der Adel und die Reichsministerialen verhinderten eine ihnen übergeordnete Landesherrschaft des Bischofs. Er trug den Herzogshut und belegte damit sein Wappen, er ließ sich das große Herzogsschwert bei Zeremonien vorantragen, er ließ sich Herzog von Franken titulieren, konnte aber nur im eigenen Hochstift, gebremst von 24 Domkapitularen, Macht ausüben. Da die Bischöfe von Würzburg zu den treuesten und zahlungskräftigsten Anhängern der Staufer gehörten, war diese Standeserhöhung wohlverdient und billig. Als die Wittelsbacher 1814 endgültig Franken ihrem 1806 von Napoleon zum Königreich erhobenen Staat einfügen konnten, da nahm man den »Herzog von Franken« in die große Titulatur und den »fränkischen Rechen«, die drei weißen Spitzen im roten Feld, in das Staatswappen an erster Stelle auf. Da König Ludwig III. von Bayern am 7. 11. 1918 zwar sein Land eilig verließ, doch nie abdankte, müßte es einen Herzog von Franken heute noch geben.

Der fränkische Reichskreis

Eine fränkische Notgemeinschaft kam immer dann zustande, wenn es galt, den Landfrieden zu beschwören und zu bewahren. Den Mainzer Landfrieden von 1235 ließ sich König Rudolf 1281 von »die bischoff, grafen, freyen, dienstmann und gemainkleich alle die von Francken« beschwören. 1340 führte Kaiser Ludwig der Bayer ein Landfriedensbündnis herbei, dem neben den Bischöfen von Bamberg, Würzburg und Eichstätt auch der Abt von Fulda, die Reichsstädte Nürnberg und Rothenburg, der Burggraf von Nürnberg und die Grafen von Henneberg, Castell und Hohenlohe-Brauneck angehörten. Als die Hussiten drohten und in Oberfranken hausten, brachte König Sigismund 1414, 1417, 1423 und schließlich 1427 fränkische Landfriedensbünde zustande, die nach 1430, als die Hussitengefahr vorüber war, rasch zerfielen.

Erst Kaiser Maximilian schuf 1500 neben sechs anderen Kreisen auch einen fränkischen Reichskreis, der die Richter am 1495 geschaffenen Reichskammergericht und die Räte am Reichsregiment stellen sollte. Als 1512 noch vier weitere Reichskreise geschaffen wurden, das ganze Reich jetzt »eingekreist« war, sollten die Kreise auch die Urteile des Reichskammergerichtes gegenüber Landfriedensbrechern vollstrecken. Als 1515 Franz von Sickingen in die Reichsacht erklärt wurde, wurde den süddeutschen Reichskreisen die Exekution aufgetragen, wobei 1517 der fränkische Kreistag erstmals zusammentrat und den Kampf gegen Sickingen aufnahm, dessen wichtigster Verbündeter in Franken der Ritter Götz von Berlichingen-Jagsthausen war. Weder Sickingens Aufstand 1523 noch der Bauernkrieg 1525 zersplitterten den Reichskreis, erst im 30jährigen Krieg traten nahezu alle evangelischen Stände auf die Seite der siegreichen Schweden, erhielten aber im Westfälischen Frieden 1648 nicht die begehrten geistlichen Gebiete.
Schon 1530 hatte Kaiser Karl V. auf dem Augsburger Reichstag den Kreisen die Ordnung des Münzwesens aufgetragen und in der Reichsmatrikel von 1531 festgelegt, wieviel Reiter und Fußknechte oder die dafür fälligen Gelder bei einem Reichskrieg von den Kreisen aufzubringen waren. Seit die Türken 1526 Ungarn überrannt und 1529 Wien belagert hatten, waren solche Aufgebote gegen die Türken und die mit ihnen verbündeten Franzosen häufig fällig. Aufschlußreich für Größe und Wohlstand der einzelnen fränkischen Territorien sind die Beiträge zur Kreiskriegskasse in Rothenburg, die in Friedenszeiten einen halben »Römermonat« betrug, während langwieriger Feldzüge auf zwei, ja zwanzig, dreißig und hundert Römermonate stieg. Von den geistlichen Fürsten zahlte Bamberg 1088 fl. (Gulden), Würzburg 1456 fl., Eichstätt 768 fl., der Deutsche Ritterorden (Sitz Mergentheim) 448 fl. Von den weltlichen Fürsten führten ab die Markgrafen von Ansbach und von Kulmbach (später Bayreuth) je 516 fl., die gefürstete Grafschaft Henneberg, bald zwischen den sächsischen Wettinern und dem Landgrafen von Hessen-Kassel geteilt, 320 fl. Die Grafen von Hohenlohe mit allen Linien steuerten 256 fl. bei, die Grafen von Wertheim 160 fl., die Grafen von Limpurg 116 fl., die Grafen von Rieneck 44 fl., die Grafen von Erbach 64, die Grafen von Schwarzenberg 38 fl. und die von Seinsheim 14 fl.; die Leistung für die Grafen von Castell hatte der Bischof von Würzburg übernommen. Von den Reichsstädten leistete Nürnberg, der Spitzenreiter, 1480 fl., Rothenburg 380 fl., Windsheim 168 fl., Schweinfurt 148 fl. und Weißenburg 100 fl. Da nach der Wormser Matrikel für ei-

nen Reiter 12 fl. und für einen Fußknecht 4 fl. angeschlagen wurden, kann man sich den militärischen Beitrag zum Reichsheer pro Mitglied errechnen.

Franken bei Bayern

Bei der »großen Flurbereinigung«, die von 1802 bis 1816 Franken mehrfach »gliederte« und schließlich durch den Wiener Kongreß abgesegnet wurde, erhielt das Königreich Bayern über drei Viertel des fränkischen Reichskreises, der Rest zwischen Odenwald und mittlerer Tauber ging an Baden und Württemberg. Eingesackt hatte Bayern die drei Fürstbistümer Würzburg, Bamberg und Eichstätt, die Markgrafschaften Ansbach und Bayreuth, die 1791–1806 preußisch gewesen waren, die Reichsstädte Nürnberg, Rothenburg, Schweinfurt, Weißenburg und Windsheim, die Grafschaften Schwarzenberg, Castell, Limpurg-Rechteren-Speckfeld, Schönborn-Wiesentheid, den nördlichen Teil der Grafschaft Wertheim, das Fürstentum Hohenlohe-Schillingsfürst, die Grafschaft Pappenheim und erst 1816 das Land von Amorbach bis Alzenau und den südlichsten Zipfel des Bistums Fulda mit Brückenau und Hammmelburg. Dazu gehörten auch alle ritterschaftlichen Gebiete, die als kleinste Mosaiksteinchen zwischen den Mittel- und Kleinstaaten geglänzt hatten, und auch die beiden freien Reichsdörfer Gochsheim und Sennfeld gegenüber Schweinfurt.

»Das Frankenstübl«

Das ist nun kein Wirtshaus in München, in dem man etwa fränkische Weine oder Biere oder Würste erhält, sondern ein Spottname für das Justizministerium von 1814–1918. Die unterworfenen Franken nämlich revanchierten sich für ihre Einverleibung nach Altbayern auf feine Weise. Sie setzten sich eifrig in die Hörsäle zu Würzburg, Erlangen und Göttingen, lernten Jus und legten die besten juristischen Examen ab, die man noch Staatskonkurse (Wettbewerbe) nannte. Bis auf zwei kurzlebige Ausnahmen waren alle Justizminister jener Jahre Franken. Aber nicht nur die Spitze frönte der fränkischen Liebe fürs Detail, für Kompromisse und korrekte Lösungen, sondern auch die Ministerialräte im Justiz- und Innenministerium waren Franken, so daß manchem Altbayern der Kamm schwoll, wenn er die Franken regieren hörte.

Ludwig Thoma hat daher in seinem Stück »Erste Klasse« einen überkorrekten Ministerialrat aus Unterfranken auftreten lassen, der allerdings vor dem Landtagsabgeordneten und Hofbesitzer kuschen

Götz von Berlichingen

muß, denn der gehört einer allmächtigen Partei an, die Minister zu stürzen vermochte, wie der Ministerpräsident Graf Krafft von Crailsheim, ein Einserjurist aus Rügland bei Ansbach, 1903 zu spüren bekam.
Thoma hatte auch erkannt, daß der unterste Bau der Behörden fest in fränkischer Hand war. Daher läßt er seinen Abgeordneten Jozef Filser granteln, daß Franken dort sei, »wo die meißten schantharmen und beamthen herkohmen«. Er kam nicht auf die Idee, daß Graf Montgelas, Sohn eines Savoyarden (keines Franken also), der Schöpfer des bayerischen Zentralstaates, bewußt Franken nach Nieder- und Oberbayern verpflanzt hatte, damit zwischen Beamten und Einheimischen keine einträglichen Freundschaften entstanden. Sprache, Auftreten und Beamtentugenden schieden hier die Eingesessenen und die »Mußbayern«. Gemeinsam war beiden die Einladung, die der fränkische Ritter Götz von Berlichingen in Miltenberg dem kaiserlichen Hauptmann zurief. Forschungen haben allerdings ergeben, daß der »schwäbische Gruß« erstmals in Bamberg erscholl. Unter Eid stehende Zeugen bekundeten, daß am 30. September 1454 die Agnes Schwanfelderin diese Unflätigkeit dem Kanonikus von St. Gangolf zu Bamberg, Herrn Hans Schwab, zugemutet habe. Die Szene hat Reinhard Klesse aus Viereth in einem Relief festgehalten, das an einem Haus am Gangolfplatz zu Bamberg prangt.

Thomas Dehler

Die Franken sind keine Bayern

»Es sind gerade 20 Jahre her, daß nach der schlimmen rechtlosen Zeit zum ersten Male wieder eine Art Parlament, der bayerische (Beratende) Landesausschuß – nicht gewählt, sondern berufen – in München zusammentrat (26. 2. 1946). Der amtierende Ministerpräsident (Dr. Wilhelm Hoegner, SPD) erklärte zur Eröffnung: ›Bayern ist wieder ein Staat geworden. Es will Staat bleiben, wie es dies mehr als 1400 Jahre gewesen ist. Das bayerische Volk wird über die zu schaffende Verfassung entscheiden.‹ Bekümmert hörte ich diese Feststellung und Forderung: Das ›Bayerische Volk‹? – der ›1400jährige bayerische Staat‹? – ›Bayern wieder ein Staat geworden?‹ – Es regten sich meine fränkischen Zweifel.

Der bayerische Volksstamm, der sitzt an der Isar, am Inn, hinauf bis zum Bayerischen Wald, der reicht über Linz hinaus bis zum Traungau, über Salzburg bis zum Pinzgau, über den Brenner bis nach Bozen; aber er endigt am Lech, an der Altmühl und an der Naab; die Menschen östlich und südlich davon, das sind die rechten Bayern, die Bayern seit eh und je, die Altbayern. Wir, die wir am Main, an der Regnitz, an der Pegnitz geboren sind, wir sind keine Bayern.

›Vierzehnhundertjähriger‹ bayerischer Staat? Ich überlegte: Als ich geboren wurde, waren gerade hundert Jahre vergangen, seitdem im Frieden von Campo Formio das linke Rheinufer an Frankreich abgetreten worden war; damals gehörte mein Heimatstädtchen Lichtenfels wie tausend Jahre vorher zu den fränkischen Hochstiften! Und bei der Geburt meines Vaters waren noch nicht 50 Jahre, bei der Geburt meines Großvaters noch nicht fünfzehn Jahre vergangen, seitdem die fast 1400jährige Staatsgeschichte Frankens nach dem Willen des ersten Konsuls Bonaparte im Frieden von Lunéville vom 2. September 1801 und dann im Reichsdeputationshauptschluß zu Regensburg 1803 zu Ende gegangen war. Ich vergegenwärtigte mir das Schicksal meines Großvaters Ferdinand Dehler in jenen bewegten Jahren: Er hatte sich an dem von Fürstbischof Franz Ludwig von Erthal geschaffenen vorbildlichen Krankenhaus in Bamberg als Wundarzt ausgebildet und war zur Vervollkommnung nach Wien – nicht nach München, sondern nach dem kaiserlichen Wien gegangen; er wurde Feldchirurg und stand unter Erzherzog Karl von Österreich in Italien, ja in einer Seeschlacht auf dem Mittelmeer und in Süddeutschland im Kampfe gegen Napoleon, oft mit Bayern auf der anderen Seite. Fast zwanzig Generationen meiner väterlichen und mütterlichen Ahnen kann ich verfolgen, die als Franken geboren und als Franken gestorben sind. Der vierzehnhundertjährige bayerische Staat, der da proklamiert und später in der Präambel der Verfassung des Freistaates Bayern als mehr als tausendjährig verkündet wurde, kann nicht für uns Franken gelten.

Und dann: Ging es damals vor zwanzig Jahren wirklich um Bayern, nur darum, daß Bayern wieder ein Staat werde, nicht um Deutschland, nicht darum, das in seinen Grundfesten erschütterte, aus tausend Wunden blutende Reich zu bewahren? ›Bayern über alles‹, Bayern als Vaterland? Die Verse Ernst Moritz Arndt's gingen mir nicht aus dem Sinn: ›Das Vaterland muß größer sein, das ganze Deutschland soll es sein!‹

Es wurde mir wieder einmal deutlich: Die Bayern, bei denen sich Stammes- und Staatsbewußtsein und dynastisches Gefühl – immer weiß-blau eingefärbt – durch Jahrhunderte gedeckt haben, stehen zum Staate und zum Reiche anders als wir Franken. Wir hatten, – ich will von der bewegten Geschichte der Markgrafschaften einmal absehen – kein geschichtlich-dynastisches Gefühl, die Reichsstädter an sich nicht, auch die Hochstifter nicht, da sie ja nicht einem Herrschergeschlecht, sondern nur der Autorität des fürstbischöflichen Stuhles verpflichtet waren; über die mannigfachen regionalen Ordnungen hinaus hatten die Franken immer die starke Bindung an das Reich; sie ist geblieben, auch seitdem fremder Wille die gewachsenen Formen weggewischt hat; sie wurzelt im Stammesbewußtsein.«

»Wir Franken sind viel zu selbstkritisch, um annehmen zu können, wir seien besser als andere Stämme, aber wir sind anders, auch anders als die Bayern. Der Bayer hat viele Vorzüge. Sein Wesen ist geschlossen, bejahend, positiv, aktiv, er ist breitbeinig, erdhaft, schwer, von starker Selbstbehauptung, selbstgenießend, ›gemütlich‹, lässig, künstlerisch, musisch, er ist skeptisch: ›O mei!‹ als Lebensmaxime, mit der man jeden Krampf abwehrt – ›mei Ruh will i ham‹. Dann doch wieder kampflustig – kein Streiter mit dem Wort, sondern in der Tat, vom Fingerhakeln bis zum körperlichen Einsatz.

Der Franke, ich meine, er ist bewegter, reger, geöffneter, weltläufiger, auch fröhlicher, heiterer und freier, freisinnig im ursprünglichen Sinne des Wortes. Er neigt zur Streitlust: Auf ›fränkisch‹ reimt sich ›zänkisch‹. Man muß als Anwalt einen Grenzstreit zwischen Bauern aus dem Fränkischen Jura erlebt haben, um zu wissen, was das Wort bedeutet: ›Mei Recht will i ho‹. Es ist ein wenig etwas Wahres daran, wenn man sagt, es sei leichter, einen Franken zum Freund zu haben als zum Nachbarn. Der Franke ist unermüdlich, zupackend, unternehmend, aber doch wieder bedacht: ›Langsam, langsam, weil's pressiert‹, ist fränkische Lebensweisheit. Er ist ja auch ›altfränkisch‹, das heißt beständig im Bereich der Sitte, das heißt ›das Gewachsene bewahrend‹; er ist häuslich – ›däham is däham‹ – er pflegt die Verwandtschaft – ›er geht in mei Freundschaft‹ –.

Der Franke liebt den Dialog, der Bayer eher den Monolog. Der Jozef Filser von Thoma kann nur ein Bayer sein. Auch den Weiß Ferdl kann man sich nicht als Franken vorstellen, den Karl Valentin sehr wohl und die Liesl Karlstadt wieder nicht.

Für den Franken ist wichtig: ›Was werden die Leute sagen?‹ Er achtet auf das Urteil der Gesellschaft. Er hat deswegen auch das Bedürfnis des Ausgleichens und des Sich-Anpassens.«

Eine Lcktion über die fränkischen Großväter

Da gibt es so rechte, durchwachsene, bodenständige Bajuwaren, wahre Sinnbilder des bayerischen Stammes, denen man auch in der bittersten Auseinandersetzung keinen fränkischen Ahnen angedichtet hat. Sieht man sich jedoch die Stammbäume jener bayerischen Kronzeugen an, dann entdeckt man bald den fränkischen Großvater, der das Bild der »Reinrassigkeit« trübt oder belebt, je nach Sichtweise.

Der Schriftsteller Ludwig Ganghofer wurde zwar als Sohn eines Forstbeamten 1855 im schwäbischen Kaufbeuren geboren, doch war der Geburtsort nicht die Heimat der Ganghofers, sondern nur der Dienstort des Vaters, der bei jeder Beförderung versetzt wurde, auch einmal an die Regierung von Unterfranken und Aschaffenburg in Würzburg. Der Schöpfer des »Herrgottsschnitzer von Ammergau« (1880), des »Edelweiß-König« (1886), des »Schloß Hubertus« (1895) und weiterer naiv-herzlicher Hochlanderzählungen, die in hohen Auflagen erschienen und allesamt später verfilmt wurden, hatte einen fränkischen Großvater: Forstrat Louis aus Aschaffenburg. In seinen jungen Jahren war er, wie Enkel Ludwig in seiner Autobiographie »Lebenslauf eines Optimisten« erzählt, als Forstadjunkt in Diensten des Grafen Erbach gestanden. Der war nun nicht nur ein großer Nimrod vor dem Herrn, sondern auch Sammler antiker und mittelalterlicher Antiquitäten, die er im Schloß zu Erbach aufstellte, wo sie heute gegen Eintritt zu besehen sind. Das kostbarste Stück ist ein

Porträtkopf des Gajus Julius Cäsar, der ursprünglich in den Sammlungen des Vatikan zu sehen war. Da er in einem der Säle recht hoch an der Wand auf einem Sims stand, damit er nicht gestohlen werde, trainierte der Graf nun seinen hochgewachsenen Adjunkten, bis der erstaunlich hohe Sprünge ausführen konnte. Bei seinem nächsten Besuch der Vaticana, die nur wenigen Personen von Stand geöffnet wurde, ließ sich der Graf im Rollstuhl schieben, verbarg unter der wärmenden Fußdecke den Cäsarenkopf, den der Forstgehilfe erhüpft hatte.

Ludwig Thoma, geboren 1867 in Oberammergau, der Schöpfer des Jozef Filser und seines Briefwexels, eines Landtagsabgeordneten aus dem bayerischen Hinterland, der raunzende Kritiker der Franken, soweit sie als Beamte südlich der Donau wirkten, ihm rollte fränkisches Blut, wenn auch dünn durch die Adern. Während er mit großer Hartnäckigkeit und bajuwarischem Eigensinn seine Vorfahren auf Waldsassen fixierte, dem nördlichsten Ort der bayerischen Oberpfalz, wo einige Thoma als Klosterjäger gewirkt haben sollen, entdeckte man eine Linie im bambergischen Oberland. Sie wurden allerdings von ihm nicht anerkannt, glücklich verdrängt zugunsten seiner derben, aber rechtschaffenen und gradlinigen Naturen. Dabei hatte er ja nicht nur überkorrekte Gendarmen und servile Ministerialräte aus Franken kennengelernt, sondern eine lebenslange Freundschaft mit dem Bildhauer Ignatius Taschner unterhalten, der 1871 in Bad Kissingen geboren wurde und in Lohr am Main aufwuchs, wo er mit 13 Jahren seinen ersten Grabstein meißelte, weil der auf den Tod erkrankte Vater dazu nicht mehr imstande war.

Aber auch der »schwäbische Feuerkopf«, der Dichter Christian Friedrich Daniel Schubart, der 1739 in Obersontheim in der Grafschaft Limpurg geboren wurde und in Aalen aufwuchs, hatte fränkische Ahnen. Der als Organist und Kapellmeister am württembergischen Hof in Ludwigsburg tätige einstige Theologiestudent wurde wegen seiner Kritik an Adel und Geistlichkeit des Landes verwiesen, polemisierte in seiner Zeitschrift »Deutsche Chronik« weiter, wurde 1777 von Herzog Karl Eugen nach Blaubeuren gelockt und ohne Verhandlung zehn Jahre auf dem Hohenasperg gefangen gehalten, weil er des Herzogs Verhältnis zu Franziska von Hohenheim verspottet hatte. Sein Vater Johann Jacobus Schubart war 1711 in Altdorf geboren worden und hatte an der dortigen Universität Jura studiert. Dessen Vater Walter Bartolomäus war in Altdorf Cantor und Stadtschullehrer gewesen. Schubarts Mutter, geboren in Sulzbach am Kocher, Tochter des Forstmeisters Georg Friedrich Hörner, stammte ebenfalls aus einer fränkischen Familie.

Selbst Johann Wolfgang (von) Goethe, geboren 1749 zu Frankfurt, ist nicht sicher vor fränkischem Zugriff. Sein Großvater Johann Wolfgang Textor, Dr. iur. utr., kaiserlicher Rat, Senator und Schultheiß der Freien Reichsstadt Frankfurt, ist der Sohn des kurpfälzischen Hofgerichtsrates Christoph Heinrich Textor gewesen, der 1666 in Altdorf getauft worden ist. Dessen Vater kam noch als Wolfgang Weber auf die Welt, latinisierte seinen Familiennamen erst, als er den Magistergrad erwarb, in Textor. Sein Vater, ursprünglich Schneider, diente beim Grafen Wolfgang von Hohenlohe auf Schloß Weikersheim an der Tauber als Kammerdiener und konnte seinen Herrn dafür gewinnen, als Taufpate seines Erstgeborenen zu wirken. Der Graf gab allerdings nicht nur seinen Vornamen und ein Patengeschenk, er ließ den fleißigen Schüler der Lateinschule auf seine Kosten Gymnasium und Universität besuchen. Aber auch von der Vaterseite hat Goethe fränkische Vorfahren. Sein Urgroßvater, der Schneidermeister Georg Walther, wurde 1639 in Weikersheim geboren. Emsige Forscher haben die fränkischen Ahnen bis in die achte Generation verfolgt und den Ursprung in Crailsheim ausgemacht.

Das »romantische Franken« wird entdeckt

Zu Ende des 18. Jahrhunderts war Franken ein Durchzugsland für Händler und Kaufleute, eine Etappe nur für die Bildungsreisenden, die nach Italien und ganz selten auch nach Griechenland zogen, die Antike mit der Seele suchend. Daß Franken das Land der Gotik, der enggebauten mittelalterlichen Städte, aber auch das Land barocker Juwele war, blieb der Entdeckung durch zwei preußische Studenten vorbehalten. Ludwig Tieck und Wilhelm Heinrich Wackenroder, zwei kunstbegeisterte Berliner, hörten 1793 in Erlangen Vorlesungen. Während ihre Studiengenossen in Halle, Frankfurt/Oder sowie in Königsberg studierten, hatten sie den wenig beachteten Aufruf ihres Königs vernommen, die Universität in Erlangen zu frequentieren, die 1791 mit den Markgrafschaften Ansbach und Bayreuth an das Königreich Preußen gefallen waren, nachdem der fränkische »Vetter«, der Markgraf Karl Alexander, abgefunden worden war, um mit seiner Favoritin, der Lady Craven, einen bequemen Lebensabend in England zu genießen.

Von Erlangen aus zogen sie nach Nürnberg, entdeckten Dürer, die alte, festgefügte Stadt, die gotischen Kirchen und Plastiken. Sie eilten nach Bamberg und nach Schloß Weißenstein bei Pommersfelden und erlebten den Barock, der damals abgetan wurde als schwülstig und überüppig, da gerade die Anbetung von Richtscheit und Senkblei, der geradlinigen Nüchternheit vorherrschte. Hier gab es keine schnurgeraden Straßen und rechtwinkligen Plätze, keine Alleen und keine normierten Stockwerkshöhen. Mal gerade, mal krumm zogen die Gassen, auf und ab sprangen die Dächer, bald breit, bald schmalbrüstig standen die Häuser an den Straßenzügen, lehnten die Fachwerkbauten gar ihre Stockwerke in die Gasse vor. Diese Häuser, ja die Städte waren Individuen wie die Menschen, die in ihnen lebten.

Seine entscheidenden Eindrücke hat Wackenroder in einem Aufsatz über Dürer niedergelegt, der 1797 in seiner anonym veröffentlichten Sammlung »Herzensergießungen eines kunstliebenden Klosterbruders« in Berlin erschien, der aufregenden Programmschrift der Romantik.

Wilhelm Heinrich Wackenroder

Ehrengedächtnis unseres ehrwürdigen Ahnherrn Albrecht Dürers

»Nürnberg! Du vormals weltberühmte Stadt! Wie gerne durchwanderte ich deine krummen Gassen; mit welcher kindlichen Liebe betrachtete ich deine altväterischen Häuser und Kirchen, denen die feste Spur von unsrer alten vaterländischen Kunst eingedrückt ist! Wie innig lieb' ich die Bildungen jener Zeit, die eine so derbe, kräftige und wahre Sprache führen! Wie ziehen sie mich zurück in jenes graue Jahrhundert, da du, Nürnberg, die lebendig-wimmelnde Schule der vaterländischen Kunst warst, und ein recht fruchtbarer, überfließender Kunstgeist in deinen Mauern lebte und webte: – da Meister Hans Sachs und Adam Kraft, der Bildhauer, und vor allen, Albrecht Dürer mit seinem Freunde, Wilibaldus Pirckheimer, und so viele andre hochgelobte Ehrenmänner

Nürnberg

noch lebten. Wie oft habe ich mich in jene Zeit zurückgewünscht! Wie oft ist sie in meinen Gedanken wieder von neuem vor mir hervorgegangen, wenn ich in deinen ehrwürdigen Büchersälen, Nürnberg, in einem engen Winkel, beim Dämmerlicht der kleinen, rundscheibigen Fenster saß, und über den Folianten des wackern Hans Sachs, oder über anderem alten, gelben, wurmgefressenen Papier brütete; – oder wenn ich unter den kühnen Gewölben deiner düstern Kirchen wandelte, wo der Tag durch buntbemalte Fenster all das Bildwerk und die Malereien der alten Zeit wunderbar beleuchtet! –

Ihr wundert euch wieder, und sehet mich an, ihr Engherzigen und Kleingläubigen! O ich kenne sie ja, die Myrthenwälder Italiens, – ich kenne sie ja, die himmlische Glut in den begeisterten Männern des beglückten Südens: – was ruft ihr mich hin, wo immer Gedanken meiner Seele wohnen, wo die Heimat der schönsten Stunden meines Lebens ist! – ihr, die ihr überall Grenzen sehet, wo keine sind! Liegt Rom und Deutschland nicht auf *einer* Erde? Hat der himmlische Vater nicht Wege von Norden nach Süden, wie von Westen nach Osten über den Erdkreis geführt? Ist ein Menschenleben zu kurz? Sind die Alpen unübersteiglich? – Nun so muß auch mehr als eine Liebe in der Brust des Menschen wohnen können. –

Aber jetzt wandelt mein trauernder Geist auf der geweihten Stätte vor deinen Mauern, Nürnberg; auf dem Gottesacker, wo die Gebeine Albrecht Dürers ruhen, der einst die Zierde von Deutschland, ja von Europa war. Sie ruhen, von wenigen besucht, unter zahllosen Grabsteinen, deren jeder mit einem ehernen Bildwerk, als dem Gepräge der alten Kunst, bezeichnet ist, und zwischen denen sich hohe Sonnenblumen in Menge erheben, welche den Gottesacker zu einem lieblichen Garten machen. So ruhen die vergessenen Gebeine unseres alten Albrecht Dürers, um dessentwillen es mir lieb ist, daß ich ein Deutscher bin. ...

Ist es nicht, als wenn die Figuren in diesen deinen Bildern wirkliche Menschen wären, welche zusammen redeten? Ein jeder ist so eigentümlich gestempelt, daß man ihn aus einem großen Haufen herauskennen würde; ein jeglicher so aus der Mitte der Natur genommen, daß er ganz und gar seinen Zweck erfüllt. Keiner ist mit halber Seele da, wie man öfters bei sehr zierlichen Bildern neuerer Meister sagen möchte; jeder ist im vollen Leben ergriffen und so auf die Tafel hingestellt. Wer klagen soll, klagt; wer zürnen soll, zürnt; und wer beten soll, betet. Alle Figuren reden, und reden laut und vernehmlich. Kein Arm bewegt sich unnütz oder bloß zum Augenspiel und zur Füllung des Raums; alle Glieder, alles spricht uns gleichsam mit Macht an, daß wir den Sinn und die Seele des Ganzen recht fest im Gemüte fassen. Wir glauben alles, was der kunstreiche Mann uns darstellt; und es verwischt sich nie aus unserm Gedächtnis...

Weh muß ich rufen über unser Zeitalter, daß es die Kunst so bloß als ein leichtsinniges Spielwerk der Sinne übt, da sie doch wahrlich etwas sehr Ernsthaftes und Erhabenes ist...

Als Albrecht den Pinsel führte, da war der Deutsche auf dem Völkerschauplatz unsers Weltteils noch ein eigentümlicher und ausgezeichneter Charakter von festem Bestand; und seinen Bildern ist nicht nur in Gesichtsbildung und im ganzen Äußeren, sondern auch im inneren Geiste, dieses ernsthafte, grade und kräftige Wesen des deutschen Charakters treu und deutlich eingeprägt. In unsern Zeiten ist dieser festbestimmte deutsche Charakter, und ebenso die deutsche Kunst verloren gegangen. Der junge Deutsche lernt die Sprache aller Völker Europas und soll prüfend und richtend aus dem Geiste aller Nation Nahrung ziehen...

Die deutsche Kunst war ein frommer Jüngling in den Ringmauern einer kleinen Stadt, unter Blutsfreunden häuslich erzogen; – nun sie älter ist, ist sie zum allgemeinen Weltmanne geworden, der mit den kleinstädtischen Sitten zugleich sein Gefühl und sein eigentümliches Gepräge weggewischt hat.

Albrecht Dürer. Selbstbildnis 1498

Nicht bloß unter italienischem Himmel, unter majestätischen Kuppeln und korinthischen Säulen; – auch unter Spitzgewölben, krausverzierten Gebäuden und gotischen Türmen wächst wahre Kunst hervor.

Friede sei mit deinen Gebeinen, mein Albrecht Dürer, und möchtest du wissen, wie ich dich lieb habe, und hören, wie ich unter der heutigen, dir fremden Welt, der Herold deines Namens bin. –
Gesegnet sei mir deine goldene Zeit, Nürnberg! Die einzige Zeit, da Deutschland eine eigene vaterländische Kunst zu haben sich rühmen konnte. –
Aber die schönen Zeitalter ziehen über die Erde hinweg und verschwinden, wie glänzende Wolken über das Gewölbe des Himmels hinwegzien. Sie sind vorüber, und ihrer wird nicht gedacht; nur wenige rufen sie aus innerer Liebe in ihr Gemüt zurück, aus bestaubten Büchern und bleibenden Werken der Kunst.«

Die einzige Reise durch fränkische Landschaften, die von beiden gemeinsam unternommen wurde, führte Tieck und Wackenroder zu den »Merkwürdigkeiten der Natur«, die sie auf ihrem Pfingstritt im »Muggendorfer Gebirg«, wie die Fränkische Schweiz damals hieß, und quer »durchs wilde Fichtelgebirge« fanden. Doch nicht ihre Briefe über diese Reise machten die Landschaft und Menschen des Jura bekannt, sondern die 1801/1803 erschienenen »Reisen durch einen Teil Deutschlands, Ungarns, Italiens und Frankreichs in den Jahren 1798/99«, die Ernst Moritz Arndt, ein auf Rügen geborener Pommer, aufgezeichnet hatte.

Ernst Moritz Arndt

entdeckt die Fränkische Schweiz

»Abreise von Bayreuth
den 19. Junius

Um drei Uhr nachmittags zog ich langsam in großer Hitze fort, immer bergan. Von hier herab sieht man Bayreuth mit seinen Vorstädten und allen Türmen der Kirchen und Schlösser und mit seinem freundlichen Tale noch viel reizender als von der Anhöhe vor Bindlach. Oft stillstehend und meine Stirn kühlend ging ich fürbaß und kam bald in eine Lindenallee, die bergan zu Tannen und schlechten Kornfeldern nach Weizberg führt. Wie ich hier den Hohlweg hinankeuchte, zog ein Stein zur linken Seite des Berges mein Herz an sich und meine Tränen aus den Augen. O! Auch ein Emigré bleibt ein Mensch und menschlich sein gewaltiges Schicksal, welches ihm keine Stätte in der bewohnten Welt zu lassen scheint. In diesen vorragenden grauen Granitblock waren folgende Worte gehauen, die freilich eher bemoosen werden als die denkwürdige Zeit, woran sie erinnern sollen.
›Unter der Regierung Friedrich Wilhelm des Zweiten, da Karl August von Hardenberg dirigierender Minister war, fanden in diesem glücklichen Lande tausende eine Freistätte, die auswärts den Wanderstab hatten ergreifen müssen; und Menschen-

liebe, Wohltätigkeit und Edelmuth, die noch mehr verscheucht waren, zogen sich in das Herz dieses Monarchen zurück. Rufe, du Fels, den kommenden Jahrhunderten diese denkwürdige Zeit ins Gedächtnis zurück. Und die alles belohnende ewige Gerechtigkeit löse unsere Schuld durch Erhörung der Wünsche unsers reinsten Danks. 1796. Von einem französischen Ausgewanderten.‹

Eine halbe Stunde von Weizberg findet man links am Wege die Fantaisie, das vormalige Lustschloß der Herzogin von Württemberg; ein Ort, den wirklich die Fantasie erschaffen zu haben scheint; so schön und zugleich so grotesk sind alle Gegenstände untereinander entworfen. Ich ging hinein, aber bald trieb mich ein herrliches Donnerwetter, das von Osten nach Westen über die Berge fortrasselte, unter einen großen Granitblock, unter welchem man eine natürliche Bank aus dem Stein gehauen hatte. Als die Stimme des Herrn verstummte, wanderte ich alles durch, und was ich gesehen habe, will ich schreiben.

Gleich am Eingange hart am Dorfe Donndorf liegen die fantasielichen Gebäude, die durch nichts Großes und Merkwürdiges ausgezeichnet sind. Hinter ihnen, gegen Nordosten erstrecket sich der Park. In den Osten hat man eine treffliche Aussicht vom Schlosse in ein schönes Wiesental hinunter und weiter über blaue Tannenberge; die andern Seiten sind verschlossen. Der Park läuft in vier Terrassen sehr schön hinab. Die erste machen hübsche Buchen und Lindengänge und Obstbäume und Blumen zierlich, und manche Schnörkelei unzierlich. Die Grotte ›les souvenirs‹ und eine andere an der Außenseite, ›au bout du monde‹ überschrieben, sind nicht besonders. Die zweite Terrasse hat auch noch vieles von Menschenhand gelitten, Gutes und Schlimmes. Hübsch ist des Einsiedlers Grotte, ganz hübsch auch das Bröckelhaus nach der Weise des zur Eremitage an der andern Seite Bayreuths. Die andern Zierlichkeiten, Treppen, bunte Häuschen mit Blumentöpfen, die Fontänen ohne Wasser mit neptunischem Zeug, die schlechten Statuen, alles das wünschte man in dieser schönen Natur lieber gar nicht da; denn hier schon fängt sie ihr wunderbares Spiel an, das so bis tief hinunter fortläuft.

Große Steinmassen hat sie unter den schönen Bäumen hingeworfen, woraus die Menschen kühle Sitze, Grotten und Höhlen gebildet haben. Dies geht bis in die dritte Terrasse fort, den schönsten Teil des Gartens, wo man bloß durch gehauene Gänge und Bildungen aus dem Granit der Natur ein wenig geholfen hat. Bäume aller Art, Birken, Tannen, Eichen, Platanen, Erlen stehen hier in wilder Ordnung oder Unordnung durcheinander. Ein rauschender Bach stürzt in sanftem Fallen

Bayreuth

den Berg hinunter und läuft nachher in einem Erlenkranze durch die üppigen Wiesen nach Süden auf Eckersberg zu. Gegenüber türmt sich der Berg mit Tannen auf, und unweit Eckersberg glaubt man Ruinen des Chaos zu sehen, so wunderbar sind die großen Steinmassen auf- und durcheinander geworfen. Die Lieblichkeit und Rauhigkeit dieser reizenden Seite läßt sich nur empfinden. Die vierte Terrasse endlich senkt sich ohne alle Wahrnehmung von Menschenkunst mit Tannen und Birken zu dem Bache und den Wiesen hinab, und mehrere Gänge führen an den erlenumschatteten Bach. –

Leider hat unter allen diesen lieblichen Natürlichkeiten die Menschenhand auch mit vielen tollen Fantasien gepfuscht, und vor allem mit verrückten Inschriften, die zum Glück für manchen französisch sind. Sie ärgern, weil sie Schmeichelei und Schuhputzerwitz an einen Ort tragen, wo man die nicht suchen sollte. So liest man in einer niedlichen Grotte aus natürlichem Stein: ›les rêveries de la petite souveraine‹ (›Die Träumereien der kleinen Herrscherin‹); eine feine Zusammensetzung, das petite und souveraine! Wie in diesem Mischmasch Klebis und Biton zu einem Tempelchen kommen, in Form eines 15 bis

20 Ellen hohen Türmchens mit Zinnen, weiß man nicht. Es steht hinten auf der Wiese, mit einem elenden Kranz von Stieren en haut relief umschlungen mit den Worten: Cleobis et Biton à leur mère. Und doch trotz aller Schnörkel und Ziererereien bist du schön und lieblich, traute Fantasie! Aber auch deiner wartet wohl bald der Verfall, wo nicht wieder mal was Prinzliches in dich einzieht.«

»Unterwegs

Die beiden Dörfer Donndorf und Eckersdorf, dieses im Südosten, jenes im Westen, schließen die Fantaisie ein, beide durch das tiefe Tal geschieden, welches die Wiesen und der Bach bilden. Man geht fort, zur rechten Seite hohe Schieferwände, woran die Häuser Donndorfs sich zum Teil lehnen, zum Teil hineingebaut sind, und worin fast alle kleine Nischen, manche auch Keller gearbeitet haben. Sobald man aus diesem lieblichen Wege heraus ist, kömmt man wieder in eine ähnliche Natur, wie die der bergischen Gegend vor Bayreuth. Man wandert zwischen magern Feldern bis Truppach fort, und sieht außer Hafer und Roggen zuweilen Gerste und Weizen, aber kümmerlich, und hie und da auf den hohen Wiesen und an den Bergen Rinder und Ziegen weiden, doch nehmen die beschindelten Häuser immer mehr ab, und Strohdächer und einige beziegelte geben einen freundlichen Anblick.

Eine halbe Stunde vor Truppach steht dicht am Wege eine Kapelle des heiligen Rupertus, wohin mit reichen Opfern von Landesprodukten noch jährlich viele Menschen wallfahrten. Sie steht beständig offen für die, so beten und anbeten wollen. Zu gewissen Zeiten wird Messe darin gelesen und Gottesdienst gehalten. Ich wunderte mich, wie ich bei den heiligen Bildern statt der Köpfe bloß noch zerfetzte Stümpfe und statt der Arme kleine Splitter sah, und ärgerte mich über den Unfug in der Meinung, die Lutherschen hätten es den Katholiken zum Ärger getan. Aber ich bin anders belehrt worden. Gegen alle Übel und Gefahren des Lebens, die da sind und noch kommen können, holen sich die gläubigen Seelen hier Amulette, und so wird denn so ein armer Heiliger vom Kopf bis zu den Füßen geschunden und abgesplittert, bis ein anderer seine Stelle einnimmt, um von den Messern seiner Kunden ebenso gemißhandelt zu werden. Gegen Zahnschmerz, Viehsterben, den Schrot des Himmels (so sagt man hier: es hat heint geschrotet für gehagelt), bei Schwangern und Säuglingen, bei allen Wagnissen des Lebens, als da sind Heiraten, lange Reisen, Kriegszüge, ist so ein Span in der Tasche oder am bloßen Leibe von wundersamer Wirkung. Die Unfruchtbare hoffet Erhörung, der Schwache Stärkung seiner schwachen Nerven, der Sterbende ein sanfteres Hin-

sinken auf das letzte Kissen, der Verbrecher Lösung seiner Schuld, so er ein Stück hölzernes Gebein erwischen kann.
Hinter der Kapelle steht ein kleines Häuschen, welches den Rupertsbronn deckt, welcher, wie die Kapelle mit Krücken und Stäben von denen geziert ist, die nach einigen Bädern oder bloß nach einem Sprung ins Wasser für lahme Gebeine starke und gesunde bekommen haben und wie aus dem Teiche von Bethesda frisch und wacker fortgewandelt sind. So stark ist der Glaube und der heilige Rupertus. Das Wasser soll sonst wirklich gut sein und über 30 Meilen durchs Land verfahren werden. Daß die Kapelle in dem letzten Jahrhundert nicht an Kredit verloren hat, noch ihr Wasser an Kraft, zeigt die Aufschrift: ›1760 erneut und erweitert.‹
Weil es zu regnen drohte, und ich von meiner vorigen, in der Eremitage durchwachten und durchschwärmten Nacht müde war, so blieb ich in einem Dörfchen vor Truppach in der Schenke, wo ich einen Schwarm von Bauern und Fuhrleuten um mich hatte, die aus meiner Aussprache bald den Fremdling herauswitterten. Mein Wirt, ein großer Politikus, machte sich bald an mich, jedoch mit freundlichen Worten. Denn so ein Fußwanderer, obgleich er im Gebirgklettern mit seinen Füßen wie mit seinem Gemüte oft über den Höchsten steht, scheint doch selbst denen, die mit einem Ochsengespann fahren, noch oft eines Kopfes niedriger, und man macht also keine Umstände mit ihm.
Er hat mir den ganzen Abend, und zwar zum Teil mit franzschen Brocken, von den Franzosen vorgeschwatzt, wie sie hier herum im Bambergischen gehaust und selbst im (neutralen) Bayreuthischen Ungezogenheiten begangen haben. ›Ja, die Weibsen, die nahmen sie arg mit, und sollt Er's glauben, doch gibts ihrer, die sie wieder haben möchten.‹ Ich lachte. ›Ho! Ich versteh' Ihn. Er ist ein loser Vogel, nu es schadt nicht.‹
Nun kam er auf seinen geistlichen Pfaffen und schimpfte wenigstens allerliebst, ob wahr und gerecht, das ist nicht meine Sache. ›Ein rechter Baalspfaffe ist es, eine rechte Kirchentrommel, einen Bauch hat er halter wie meine Biertonne, und wenn man daran schlägt, so wackelt er von 12 zu 12 Uhr, und eine Stimme wie eine Orgelpfeife. Er schreit, erbärmlich schreit er wie ein Kapaun, der krähen will, und kollert wie ein Puter, wenn er was rechts zu sagen meint, viermal nach allen vier Winden und Wänden; und das ist grade das Dümmste: Sprichwörter sind es und Rätsel, worüber schon der Schulmeister lacht. Wie ein Jahr, so drischt der Ochse das andere; Holzhacken sollte er und bei seinen Ochsen stehen und nicht Kinder lehren und predigen wollen. Und so ein Dummkopf verzehrt seine 1000 Gulden jährlich. O, es ist eine Schande um solche Baals-

pfaffen, hier, wo die Bamberger immer unter uns sitzen. Sie haben da drüben, eine Stunde von hier, zwei rechte Prediger, die lachen dann über uns. Und das ›Bublikom‹ ist zu gescheit, um alles für bar anzunehmen, was so ein Schaf im hellen Pluraliter herblökt. Was? Hab ich nit recht? Die Pfaffen und Advokaten lieben den Singulariter nicht, da brauchts Gedanken. O pecunia, du Teufelsding! Ich versteh auch Latein, bin in Sekunda gewest und kann mehr disputieren und judicieren als unser Pfaff. Ja, der alte selige Herr, das war ein Mann! Der konnt's uns demonstrieren aus Schrift und Vernunft. Aber dieser schläft täglich zweimal sein Stadtbier aus und fängt dann von vorne wieder an.

Ein andrer Bauersmann sang lustige Lieder und lachte unverständig laut, griff jeden an und fing mit ihm an zu sprechen, und sprang dann auf einen andern ab. Dann schlug er die Hände über den Kopf zusammen und fluchte wild: ›Wehe! Wehe! Vater, schrie sie – o der Verfluchte, wenn ich ihn hätte! Eine Pistole mir oder ihm! So jung, so gesund, so rot als eine Rose und nun unter der kalten Erde! O, es ist erbärmlich!‹ Dann lachte er wieder und trank. ›Heute starb sie, fremder Mann, es war eine gute Dirne.‹ Die Tränen liefen ihm die Wangen hinunter, und er riß mich fort, als sollte ich mit. ›Wehe, Vater, wehe! O, daß ich so jung sterben muß und in Unehren! So schrie sie und verschied und ihr Kind. O, daß die Hölle den Kerl hätte.‹

O Natur, wie wunderbar zeigst du dich und wie mannigfaltig! So war einst deine Sprache. Mir ist wohl unter euch Menschen aus niedrigem Volk. Da findet man doch bei aller Beschränktheit des Geistes noch oft Kraft und Selbständigkeit. Und was ist unsere Aufklärung? Meistens äußerer Schimmer, kein inneres warmes Licht, kein glühender Feuerstrahl. Ach, sind wir nicht Puppen, lernt nicht selbst die Empfindung, die heilige Zunge der Seele, eine fremde Sprache? Und wird nicht auch sie durch Konvenienz und Drechselei eine widerliche Karikatur? Ein Zwerg auf Äschylus Kothurn, der hohe Worte pfeifend abschnarrt?«

» Wanderung nach Muggendorf
den 20. Junius

Um 10 Uhr wanderte ich mit einem Schneider aus Sans Pareil, den der Zufall mit mir in eine Schenke gebracht hatte, aus, und hatte an ihm einen treuen Führer durch alle möglichen Steige und Gehölze, bald auf Bamberger, bald auf bayreuthischem Gebiet. Der Weg war schlimm, – denn es hatte die ganze Nacht und den Morgen geregnet, – und der Boden überdies lettiger als der vorher betretene, aber darum nicht fruchtbarer. Wir stiegen über Schönfeld und Gelbsreuth bis Sans Pareil fast immer bergan. Statt des Schwarzholzes standen auf diesem Wege häufiger Eichen, Buchen, Haseln und andere Arten, und außer dem gewöhnlichen Getreide auch schlechter Weizen, Linsen und Wikken. Die Gegend ist hoch und heißt mit besonderm Namen das Gebirg. Die vielen kleinen Steine im Felde und die zusammengehäuften Hügel von Steinen, mit Gesträuch umwachsen und hohen Buchen beschattet, erinnerten mich lebendig und wehmütig an die Hügel meiner mütterlichen Insel (Rügen). So nahm ich von meinem Schneider bei Sans Pareil Abschied und ging in den großen Buchenwald ein, oder in den Wald der großen Buchen, denn er ist nicht groß. Hoch und schlank sind seine Bäume. Aber welche Steinmassen hast du, o ewige Natur, hier hingeworfen! Mit welchen Gestalten und Gebilden hast du gespielt, als du dieses Paradies schufest! Schon ehe man in das Dunkel des Hains tritt, kündigen sich die Kalkblöcke einzeln auf dem Wege zwischen Gelbsreuth und Wörnitz an; aber wie überrascht staunt man, wenn man die seltsamen Gestalten im Walde selbst nun vor sich erblickt. Ich hätte von der Fantaisie her hierauf etwas vorbereitet sein sollen, aber ich war es nicht; alles traf ganz neu und gewaltig mein innerstes Wesen. Dazu stimmte dann auch alles zusammen. Der Himmel war düster und rauh wie die Natur, fernher grollte der Donner, und der Wind schüttelte die Gipfel der Bäume. Meine Seele war froh, aber nicht leicht, ich sah alle Dinge nur groß und furchtbar. So betrat ich dieses heilige Schattenreich, worin die alten Germanen sicher einmal gefeiert und geopfert haben. Wunderbar ward mir ums Herz, als ich die einzelnen großen Massen erblickte, die aus Zauberhänden als ein Spiel der Zauberei hingewälzt schienen. Der vordere Teil des Hains besteht aus Buchen ohne Unterholz. Diese umklammern zum Teil die Felsen und scheinen sie zu halten, indem sie ihre Spitzen mit den Wipfeln umspielen. Über allen Ausdruck erhaben ist die Felsgruppe, die man Dianens Adler und Grotte, und Vulkans Gruppe überschrieben hat. Man erbebt in seinem Innersten bei dem großen Anblick und kann doch nicht fort.«

Nachdem Arndt die hölzernen Bänke und Tische widerlich befunden hatte, voller Hoffnung, sie würden bald vermodern, muß er sich im zweiten Teil des Parks über Tempelchen, Muschelwerk und künstliche Arkaden ärgern, die den »großen Tempel der Natur« verschandeln. Am alten Schloß Sans Pareil schlendert er vorbei »durch öde Gegenden über Wonsees und Hollfeld welches schon bambergisch ist, nach Hochstahl.« Da eine kirchliche Feier ist, klopft er vergeblich an den Häusern an, um den Weg nach Muggendorf zu

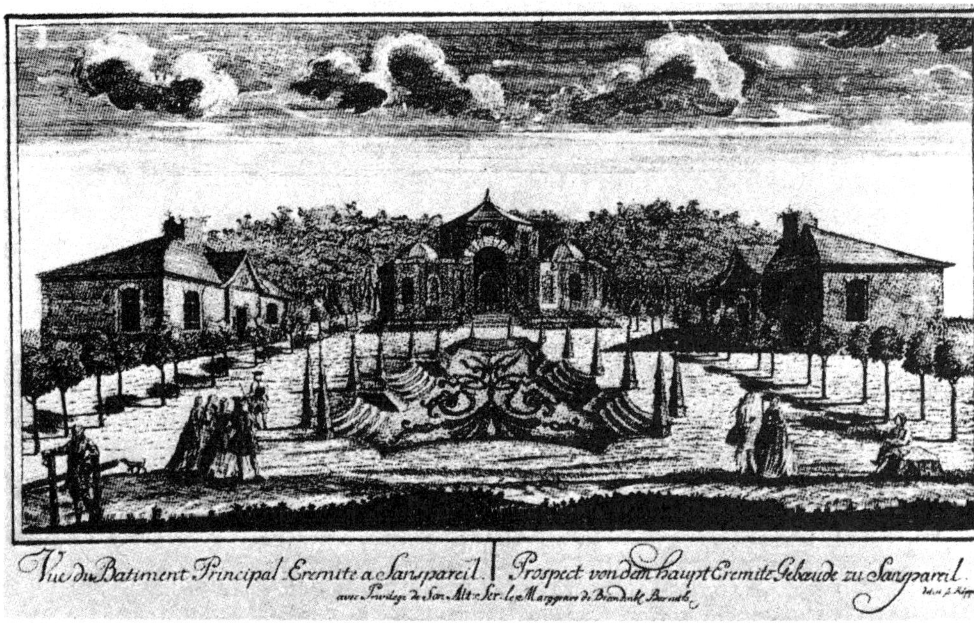

Park Sanspareil

erfragen. Als er drei Dörfer weiter in das einzige Haus eindringt, in dem er Erwachsene wahrnimmt, wird er mit einem Messer bedroht, bemerkt, daß er unter »Tollen« geweilt. Seine Empfindsamkeit wird stark gestört durch den mehrfachen Anblick, daß Kühe mit Ochsen oder Pferden zusammen vor den Wagen gespannt werden, auch verletzt durch den Anblick eines Liebespaares, dessen ländliche Schöne ihrem Liebsten »sehr unromantische Tiere« aus dem Haar klaubt. Um ein Haar hätte er Prügel bezogen, weil er mit seinem Stock aus einer Nische ein verblichenes Heiligenbild heraushebelte, das zu Boden fiel. Sein Fazit ist das eines Aufklärers: »Man muß selbst das dumme Menschliche ehren, solange man es nicht klüger machen kann.«

»Den 21. Jun. abends halb 7 Uhr auf einem hohen Gestein über Waischenfeld
Hier, auf und zwischen den Altären, die du dir erbaut hast, heilige Natur, unendliches, unbegriffenes Leben und Weben der Welt, hier sitze und kniee ich, selig durch dich, selig schon durch das Gefühl des Daseins, wenn ich auch ewig in Nichts zerfallen sollte wie deine zertrümmernden Fel-

sen. Hier kniee ich, entzückt schon durch das Gefühl der Kraft und Güte, welches dein Genuß auch dem Schuldigen gibt. Du längster Tag des Jahres sollst einst einer meiner schönsten sein. Rund um mich tönt die Stimme froher und arbeitender Menschen; unten singen ein paar grasende Mädchen und von oben her klagt eine süße Stimme der Kohlpflanzerinnen. Still weht die Luft, der Himmel schwärzt sich im Westen, und die Stimmen der Donner brausen von ferne wie die Wiesent drunten im Tale.«

In Muggendorf besucht er den 73jährigen Wunder, den Aufseher der Höhlen und Reisendenführer, einen Bekannten von Alexander von Humboldt. Mit ihm, dem »kleinen, schiefbeinigen Männlein von Gestalt eines Berggnomen« klettert er die Gegend zwischen Waischenfeld und Muggendorf ab, besucht tags darauf mit ihm die Rosenmüllershöhle, die Oswaldhöhle und die Witzenhöhle, »die grauenvollste von allen«. Dann besteigt er die Riesenburg bei Doos und gleich darauf den Adlerstein bei Engelhardsberg, wo er die

Burg Rabeneck

herrliche Aussicht freudig genießt. »Mit Schaudern« steht er unter der finsteren Burg Rabenstein, durchstöbert ihre Gemächer, bewundert die nahe Burg Rabeneck. Erstiegen wird sie am nächsten Tag nach einer »gräßlichen Morgenandacht« in den »grausenvollen Schlünden und Grüften« der Förstershöhle. Nachdem er im Förster'schen Gasthaus (»Rotes Roß«) in Waischenfeld eine »impertinente Zeche« bezahlt hatte, erstieg er die Brunnenstein- und die Schönsteinhöhle bei Streitberg, durchstreifte den langen Nachmittag die Burgruine Neideck, der er eine lange Beschreibung widmete. »Tausend Schlösser mögen höher und lieblicher und weitaussehender gelegen haben, wenige aber so sicher und fest und so stattlich als dieses«, stellt er eingangs fest, gibt dann zu: »So liegen diese grauen Ruinen noch herrlich in der Verwesung und Zertrümmerung da. Diese Ruinen des alten Schlosses Neideck sind die größten und romantischsten, so ich je gesehen habe.« Er schließt: »Von der Nordseite unten sieht man diese Trümmer in ihrer ganzen Größe und Herrlichkeit, und einem schwindelt bei dem Anblick der ewigen Pfeiler, worauf die Vergänglichkeit nistet.«
Die Fränkische Schweiz als Frankens romantische Rüstkammer war entdeckt.

Georg Britting

Das Pfaffenschnitzel

»Schwarze Aale schwimmen im Fluß,
das Tal und die Hänge
Glänzen von Korn und Wein, der
Pfirsich gedeiht, und die Birne
Blickt durch das Laub im gesegneten
Mainland. Steinerner Zierrat
Spielt um Kirche und Türme, schöneren
schmieden die Hähne,
Goldene Schnörkel, die Stadt glüht, und
schwarz in der kühlen Gasse
Steht der Gasthof »Zum Riesen«.
Kaiser und Könige tranken
Hier ihren Wein, es nippte vom Süßen
glanzäugig die bleiche
Kurtisane im starrenden Mieder, die
seidenen Prälaten
Lobten lateinisch den Weltlauf und
nahmen
vom Truthahn das Bruststück.
Und in der Ecke hob der bestaubte
Vagant seinen Schoppen
Minderen Jahrgangs und lauschte
dem Trubel, der vornehm durchs Haus
sang.
Immer noch wird im Kochbuch
die Brust von jenem Vogel
Pfaffenschnitzel genannt:
das Neidwort ging durch die Zeiten.«

Die Franken unter der Lupe ihrer Nachbarn

So wie ein Privatdetektiv über Lebensweise und Leumund einer observierten Person am ehesten etwas von deren Nachbarn erfährt, so berichten über die Franken und deren Eigenart am zuverlässigsten ihre Anrainer, die »Grenzer«. Der in Langenburg im Hohenlohischen geborene Karl Julius Weber, im Grenzsaum zwischen Fränkischem und Schwäbischem aufgewachsen, hat in seinen Reisebüchern mehrfach über Städte und Menschen in Franken geschrieben, dabei eine Ehrenrettung versucht: »Im deutschen Norden ging in den Jahren 1750–60 ein helleres Licht auf, das ihn weit über den Süden hob, aber darum blieb doch der Süden nicht so weit zurück, wie noch heute viele Leutchen an der Spree und Pleiße, Elbe und Leine zu glauben scheinen. Lange war man im Süden so gutmütig, sich selbst für geringer zu halten.«

Karl Julius Weber

Frankenland oder Franco-Bavaria

»Das Herz Deutschlands, das schöne gesegnete Franken, ein wahrer volkreicher Garten, war sonst geteilt in vier geistliche Staaten – Würzburg, Bamberg, Eichstätt und Deutschorden –, in die Markgrafschaften Ansbach und Bayreuth, in die Grafschaften Henneberg, Schwarzenberg, Hohenlohe, Wertheim, Erbach, Reineck, Castell und Limburg, in die Reichsstädte Nürnberg, Schweinfurt, Rothenburg, Weißenburg und Windsheim, in sechs fränkische Ritterkantone und einige reichsunmittelbare Dörfer. Jetzt ist alles vereint, mit Ausnahme einiger Grafschaften, unter dem humanen Zepter Bayerns, und die schönste Perle in Bayerns Krone ist *Franco-Bavaria!*

Franken war der kleinste Reichskreis, aber der erste unter allen in Fruchtbarkeit, hochgetriebenem Acker- und Weinbau, Viehzucht und Gärtnerei. Nur im Norden, wo sich Thüringens Berge und das Fichtelgebirge ausstrecken, ist Franken rauh, und auch dafür entschädigte Mutter Natur durch Holz, Mineralien und den Schutz, den jene Höhen dem Süden gewähren gegen die rauhen Winde des Nordens. Das Klima ist mild, der Boden fruchtbar, durchströmt von dem fisch- und schiffreichen Main, an dessen Ufer der edelste Rebensaft wächst; Früchte, Holz, Wildbret und Salz sind im Überfluß. Diese schönen Gegenden waren daher auch meist in den Händen der Ehrengeistlichkeit. ›Wer das Kreuz hat, segnet sich zuerst‹, sagt das Sprichwort, wenn es auch gleich die Markgrafen von Brandenburg weit genug brachten, die aus kleinen Burggrafen Nürnbergs das wurden, was die kleinen Grafen von Württemberg in Schwaben! Die fettesten Gegenden aber, Würzburg und Bamberg, waren das Paradies der Domherren und Mönche.

In Franken war das Sprichwort: ›Die Domherren machen sich selbst.‹ Diese glücklichen Söhne der Kirche – ein Dorn in den Augen jedes Denkers – hatten ihre Pfründen keineswegs *in partibus,* und nicht selten zwei bis drei Pfründen zusammen = 10000–20000 Gulden, wofür sie weiter nichts zu tun hatten als Residenz zu halten, und keine anderen Eigenschaften zu haben brauchten als ein bißchen Latein und eine stiftsmäßige Mutter, mit der Aussicht, Fürstbischof, Erzbischof und Kurfürst werden zu können. Aus der Verlassenschaft eines gewissen Domherren wurden an Büchern und Kleidungsstükken 50 Gulden erlöst, aus seinem Weinlager aber 4000 Gulden!

Der Main ist der Hauptfluß Frankens, der kleinste unter den sechs Hauptflüssen Deutschlands, und verbindet es mit dem Rhein und Holland. Mainz am Rhein nahm seinen Namen vom Main; unsere älteren Gelehrten fanden im Worte *Moenos,* griechisch geschrieben, die Zahl 365, das volle Jahr, und in der altsächsischen und englischen Sprache heißt *main* vorzüglich. Der weiße Main entspringt dem Fichtelgebirge, vereint sich bei Steinhausen mit dem roten Main und wird zu Kitzingen schiffbar. Der Fluß ist seicht und gefriert weit eher als der Rhein, der mehr Fall hat. Seine Ufer, so schön sie hie und da sind, dürfen sich doch keineswegs mit denen des Rheins, der Donau und Elbe, ja selbst der Weser messen, und daher mag es kommen, daß das Gedicht des Briten Geddes, *The Banks of the Maine,* so trokken ausgefallen und fast unbekannt ist.

Der Flußgott Frankens macht wahre Schlangenwindungen und ungeheure Sprünge, die der Handelsschiffahrt am wenigsten günstig und schon dem bloßen Reisenden unangenehm sind. Er springt von Schweinfurt herab nach Ochsenfurt und von da wieder ebenso hoch hinauf nach Gemünden zum Empfang der Saale, dann wieder ebenso tief herab nach Wertheim, um die Tauber zu umarmen. Es scheint ihm ordentlich schwer zu werden, das schöne Franken zu verlassen, und er versucht noch Sprünge zwischen Miltenberg und Hanau! Noch ist meines Wissens kein Schiffahrts-Reglement zustande gekommen, die alten Zölle dauern fort (von Wertheim bis Mainz sieben Zölle!), und so ist auch der Aktivhandel weniger lebhaft, als er wohl sein könnte. Der lebhafteste Handel ist der mit Brennholz, und die Floßhändler des Ober-Mainkreises (zu Kronach und Steinwiesen wohnen einige 60 Floßhändler) liefern, wo nicht hartes, doch sicher mehr weiches Holz als die Oberrhein- und Neckarschiffe. Und wenn erst die Verbindung des Mains mit der Donau zustande kommt!

Das Maintal, vorzüglich um Würzburg, ist ein aneinanderhängender Weingarten, so, daß man denken wollte, er allein könnte Deutschland mit Wein versehen. Der Absatz ist meist ins Innere Bayerns, nach Hessen und Thüringen, würde aber schwerlich die Hälfte wegnehmen, wenn die Franken nicht selbst so gemütliche Trinker wären und die Weinhändler Frankfurts und des Rheins nicht so christlich dächten, die Frankenweine als leibliche Brüder zu behandeln. Der Mainbruder gibt Feuer und Kraft und die Tauberschwester die nötige Säure, und so ist der beste Rheinwein fertig ... Doch diese Mischung ist immer besser als die mit Obstwein oder gar mit Wasser, und die Mainweine benehmen den jungen herben Rheinweinen die unangenehme Säure. Im Norden muß sich der Frankenwein gefallen lassen, daß noch schlechteres Gewächs den Spitznamen ›Würzburger‹ und

›Wertheimer‹ führt. Die Frankenweine setzen ihren Weinstein weit früher ab als die Rheinweine, können daher früher genossen werden, und das entschädigt für die spätere Weinlese. Die besten Frankenweine wachsen um Würzburg, und von diesen gilt eigentlich das Sprichwort: Frankenweine – Krankenweine. Sie dürften sich ganz mit dem Rheinbruder messen, wenn sie nicht so stark ins Blut gingen. Der König aller Frankenweine ist der Leistenwein an der Festung oder der dem Nikolai- oder Kapellenberge zugekehrten Seite oder Leiste auf etwa 60 Morgen. Die Leiste gehört dem Hofe, und gar oft wurde ein alter Leistenwein von fremden Gästen an der fürstbischöflichen Tafel als der kostbarste Ausländer getrunken, so wie an der Mergentheimer Rittertafel der sogenannte Schorer als der edelste Rheinwein. Ich weiß, daß Leistenweine nach Berlin gegangen sind um den Preis des besten Hochheimers und Johannisbergers. Nach diesem kommt der Steinwein vom Steinberge am Wege nach Veitshöchheim, aber eine kleine Flasche oder Bocksbeutel à 1 Taler macht mehr Rumor ins Geblüt als zwei volle Flaschen Rheinwein. Der Spital verkauft diesen Wein unter dem Namen Heiligen-Geist-Wein trotz der obszönen Bocksbeutelsfigur, und mit diesem Namen wird auch Wein von der sogenannten Harfe belegt, auch Gressen-Wein genannt. Die dritte Sorte ist der sogenannte Calmus bei Kloster Triefenstein, der schon oft für Tokayer oder trockener Madeira getrunken worden ist. Die Weine von Randersacker, Sommerhausen und Rödelsee haben nicht minder verdienten Ruf, aber alle Frankenweine übertrifft nach meinem Geschmack der wahre Wertheimer! Man tut wohl, jeden Wein an der Quelle zu trinken, wenn man sichergehen will, und den herrlichen Calmus hat man am besten in der Kartause zu Triefenstein, die schon an und für sich wegen der malerischen Lage des Schlosses Homburg und der St.-Burkhards-Höhle besucht zu werden verdiente, deren Tropfsteine wahrscheinlich dem Kloster seinen Namen gaben. Gegenüber liegt Lengfeld, eine der besuchtesten Main-Überfahrten, wenn man von Würzburg durch den Spessart nach Aschaffenburg reist. Der Main macht von Würzburg bis dahin solche Ellenbogen, daß man zwanzig Stunden zu Wasser braucht, während man den Landweg in drei Stunden macht.

Der katholische Teil Frankens ist zwar ein bißchen aufgeklärter als Bayern und Oberschwaben, aber nicht viel. Man stößt auch auf so viele Kruzifixe oder Herrgotts wie im Paderbornischen, Trierischen und Kölnischen. Es war auffallend, wenn man aus dem traurigen, unfruchtbaren Fuldischen an die lachenden Ufer des Mains kam, diese Dinge zu erblicken, da man

Mainschelch

doch im Fuldischen noch bigotter war. Aber der Grund lag auch nicht in der Religion, sondern in der Eitelkeit, und die geringere Wohlhabenheit der Fulder verbot es wohl der lieben Andacht, ihre Eitelkeit an den Tag zu legen und sich einen Namen zu machen.

Die freigeisterischen Franzosen haben 1796 und später viele jener Herrgotts zertrümmert, die allerdings ein Kunstauge zum Bilderstürmer machen oder einen neuen Tanzmeister Marcel veranlassen konnten, seinen Schülerinnen zu sagen: ›Mesdames, vous avez les jambes si mal tournées que ce Crucifix-là, mais pour lui, ce n'est pas sa faute!‹ Aber es gibt doch auch eine unphilosophische Intoleranz, und diese Herrgotts sind einmal dem Volke das, was dem Gelehrten seine großen Männer. Wir klagen, daß große Männer so selten Monumente haben; Jesus hat offenbar zu viele und muß sie noch mit armen Schächern teilen wie mancher sein wohlverdientes Ordenskreuz. Häufig hängen die Herrgotts in Franken zwischen zwei Linden, besser und schöner als zwischen Schächern, am Ende aber gleichviel, wie bei Kirchen auch, ob ein katholisches Kreuz darauf steht oder ein protestantischer Hahn Petri; besser, wenn alle diese *Dii crucifixi* Wegweiser wären wie in Württemberg.

Nach dem Herrgott kommt Sankt Nepomuk, der nicht nur auf allen Brücken steht, sondern selbst an Mühlgräben, und unstreitig unter allen Heiligen am häufig-

sten zittert. Sankt Urban ist in Franken das, was Bacchus in Griechenland, nur daß er bei schlechter Weinlese ein schlimmes Schicksal hat und schon oft in den Kot geworfen wurde. Er soll als Bischof zu Langres im 5. Jahrhundert durch Gebet alles Mißgeschick vom Weinberge des Herrn abgewendet haben und dafür heiliggesprochen worden sein. Wir könnten einen zweiten Urban brauchen, und nicht bloß Franken, sondern der ganze deutsche Bund würde ihn heilig- und seligsprechen, und dadurch würde vielleicht den Heiligen überhaupt wieder auf die Beine geholfen werden. Das wahre Nicht-Ich ist der Wein, und nichts geht über ein gutes Glas Wein als eine ganze Flasche. Aber ein bloßer Schoppen! Und bei recht Kühnen: Noch ein halber? Schon die Römer nannten ein Mahl ohne guten Wein *prandium caninum,* Hundemahl, und wie viele Hundemahle seit 25 Jahren! Doch der Herr wird nicht ewiglich zürnen, er wird uns wieder erquicken. Wo ist Freude, da kein Wein ist? seufzte schon Sirach, und das Jahr 1826 scheint endlich unsere Seufzer erhören zu wollen!

Die Franken sind heiter, wie es Weinländlern zusteht, und die Würzburger stehen obenan. Sie sind gebildeter als in vielen anderen Gegenden des Vaterlandes, und ich hörte an einem öffentlichen Ort das Zweikammernsystem mit Verstand durchnehmen, ›daß es nur neue Reibungen und eine neue Scheidewand setze zwischen dem Bürger und nur allzu zahlreichen Adelsstand‹. Man rechnet 2400 adelige Familien in Bayern! Wahrhaft humoristisch äußerte man sich über das Quieszenten-Heer, das über eine Million kosten soll, und treu, umsichtig und redlich befördert und wahrt die Zweite Kammer Bayerns das Interesse des Vaterlandes! Im heiteren, fröhlichen Franken erscheint ein steifer altbayrischer Landrichter wie die alten Berner Baillifs im Wattlande. Und das Volk spricht auch wohl vom bayrischen Hiesel, beleidigender als tausend Sauschwänze! Man stößt auch auf recht hübsche Gesichter, aber die Kleidertracht verdirbt alles wieder: kurze Röcke, lange

Contusche, rote Strümpfe und alberne Hauben. Die Volkssprache hat wegen der häufigen ›ä‹ und der weggelassenen letzten Silbe der Zeitwörter etwas Widriges. Die Katholiken sagen nicht Tage, Kosten etc., sondern Täge, Kösten; nicht erbaulich, sondern auferbaulich. Die Würzburger und Rhönleute lassen alle ›n‹ weg, sind aber doch verständlicher als die Nürnberger. Am unverständlichsten waren mir die Fichtelberger und am verständlichsten die Ansbacher.

Gar lieblich ist das fränkische ›Gelt?‹ oder gar ›Gelten Sie?‹ für ›Nicht wahr?‹ ›Weger‹ für wahrlich, und vollends gar: ›Maane Sie, i sei a sotti?‹ Die Anfangsformel in der Anrede ›Mai!‹ oder ›Mein!‹ ist das französische *Eh bien!* ›Hauderer‹ bedeutet einen Mietsfuhrmann, ›Mürbes‹ Semmel, ›Kern‹ Rahm, ›Gren‹ Meerrettich, ›Kümmerling‹ Gurken, ›Potaken‹ Kartoffeln, ›Ern‹ Vorplatz (arena), aber ›Zimmerwart‹ für Kastellan (oder gar ›Hausschneider‹) wäre anzunehmen, so wie ›Hecker‹ für Winzer, denn die guten Leute hacken wahrlich das ganze Jahr hindurch in ihren Bergen, und gar oft vergebens. Aber wer errät, was ›Hosche-Gockele‹ sagen will? Eier, die der Hase bringt, wie der Storch die Kinder, daher ferner ›Haseneier‹ – deutsch: Ostereier.
Das Taschentuch heißt in Franken und Schwaben Schnupftuch, in Bayern Nosenwischer, die Österreicher haben gar kein deutsches Wort, sondern das italienische, und sagen Fazonettel – immer noch besser als das derbe schweizerische Nosenlumpe. ›Hüts‹ heißen Klöße, die oft so fest sind, daß man Gewalt brauchen muß wie bei alten Käsen und Nüssen. Getrocknete Äpfel, Birn und Zwetschgen heißen Hutzeln, zerschnittene Schnitz, und mit Wonne erinnere ich mich der Zeit, wo mir die Großmutter mit einer Handvoll solcher Hutzeln größere Freude machte als mit einer Handvoll Dukaten, und wenn solche vom Schimmel weiß waren, mich überreden konnte, sie wären überzuckert.

Die Franken haben einen Nationalstolz, den Deutsche sonst entbehren, vielleicht gegründet auf das alte Frankenland, das aber nördlicher zu suchen ist; Frankreich ist ihnen *Francia occidentalis,* Franken *Francia orientalis.* Nun, Deutschland verdankt den alten Franken, so roh sie auch waren, vieles. Franken ist offenbar Kollektivname deutscher Völker wie Alemannen; sie taten die ersten großen Schritte aus der Barbarei, denn sie standen stets in Verbindung mit den Byzantinern, und noch führen im Morgenlande alle Abendländer seit den Kreuzzügen den Namen ›Franken‹. Karl der Große war ein Franke, und auf dem Herzogtum Franken haftete das vornehmste weltliche Erzamt des Erzseneschalls.

Das schöne Franken – warum verewigt kein besonderer Bundesstaat diesen schönen Namen? Wahrscheinlich wäre dies, wenn die Herzöge Frankens nach dem Tode Kaiser Heinrichs V. nicht mit den Herzögen Schwabens zusammengeflossen und mit dem Sturz der Hohenstaufen beide Herzogtümer nicht aufgelöst worden wären wie der alte Schwabenbund zur Zeit der Cäsaren, zur Beförderung der deutschen Vielherrschaft und der Krummstäbe. Gustav Adolf starb zu früh, um Herzog Bernhard von Weimar, dem er Würzburg und Bamberg versprochen hatte, zum Herzog von Franken zu machen. Unterm Krummstab Würzburgs, das auch als Herzog von Franken das Schwert führte, war gut wohnen, aber der Stab war dennoch krumm, und wer gerade Linien liebt, haßt alles Krumme.

Die Franken sahen sonst herab auf die Schwaben, und die an Schwaben grenzenden Hohenloher protestierten so feierlich gegen den Titel wie die Badner, was beides lächerlich ist. Wahr ist es aber, daß man die Franken und ihre jovialen, freien, zutraulichen Sitten schätzen lernt, wenn man weiter nordwärts reist zu den feineren, aber verschlosseneren und haushälterischeren Sachsen. Die Franken sind unter der humanen Regierung Bayerns noch immer wahre Franken, und ich hörte im Jahr 1823 die freiesten Äußerungen an öffentlichen Orten, die mich doppelt erfreuten, da ich aus Böhmen kam, wo ich z. B. nie das Wort Spanien und überhaupt nie etwas von politischen Angelegenheiten sprechen hörte – die Leute saßen da wie Büsten, und der Überrock des Schweigens deckte ihre Klugheit und Unwissenheit. Es wäre schade, wenn das Wort ›Franken‹ im Worte ›Bayern‹ unterginge!

Sie sind jetzt politisch genommen Bayern, aber es scheint mir zwischen Altbayern und Neubayern so etwas zu liegen wie zwischen Alt- und Neuwürttembergern. So sind die Würzburger für Kissingen, die Ansbacher für Burgbernheim, die Bayreuther für das Alexanderbad, die Rothenburger für ihr Wildbad eingenommen – zur gemeinsamen Idee ›bayrische Bäder‹ scheinen sie sich noch nicht erheben zu können. Die Alten halten sich für besser, und doch gibt es Fälle, wo die Alten von den Jungen manches lernen könnten! Alt und Jung würden sich besser befinden in wechselseitiger Achtung, Einverständnis, Ertragung und Einheit.«

Karl Julius Weber

Lob auf Nürnberg

Unter den Städten hatte es Nürnberg dem Reisenden am meisten angetan. »Nürnberg liegt vor mir in seiner ganzen altertümlichen Schöne. Lübeck, Bremen, Augsburg und selbst Frankfurt haben alle noch etwas Altertümliches, aber Nürnberg am meisten. Seine vielen Türme, die alte Burg auf der Höhe, die roten Mauern mit den vier malerischen runden Riesentürmen an den Toren füllen die Phantasie mit Bildern der Fehden- und Faustrechtszeiten.

Die Bauart der Häuser mit ihren Freskomalereien und Erkern, Chörlein genannt, die alten gotischen Kirchen mit ihrem Helldunkel, gemalten Fensterscheiben und Patrizierwappen, die alten Stadtgräben, die Einfachheit der Sitten etc. versetzen in jene älteren Zeiten, wo Nürnberg doch 70000–80000 Einwohner zählte, von denen Aeneas Silvius (Papst Pius II.) sagte, daß sie besser wohnten und lebten als die Könige Schottlands.« –

»Viel mußten sich einst die guten Reichsstädte nachsagen lassen, viel Böses, keine aber wohl mehr als das liebe Nürnberg, das man sogar Moropolis nannte. Über alles, was da geschah, lachte man, vom schönen Ratsbrunnen an, der nie aufgestellt wurde, weil's am Wasser fehlte, und von Veit Stoß' Englischem Gruß, den man in einem Sack in der Kirche aufhängte, bis herab zum Steckeles-Schmecken, d.h. dem mit Silberdraht umwundenen Blumenstrauß, den die Ratsherren bei Hochzeiten erhielten und statt des Fächers diente.

An solche und ähnliche Dinge hielt man sich und vergaß darüber den herrlichen Kunstfleiß, der stets zu Nürnberg herrschte. ›Nürnberger Tand geht durch alle Land‹ – Nürnberger erfanden die Taschenuhren (Nürnberger Eier), die Windbüchse, das Flintenschloß statt der Lunte, das Drahtziehen, das Messing, die Holzschnitte und eine Menge mathematischer und musikalischer Instrumente. Bestimmt könnten wir alle englischen Instrumente entbehren, wenn wir Nürnberger Künstler ebenso gut zahlten als Briten bezahlt werden. Der Nürnberger Witz geht eigentlich auf ihren Erfindungsgeist (zurück), der freilich in späterer Zeit zu Spielwaren herabsank, zu Dukatenmännchen mit einem Dukaten und zu den roten Pferdchen mit einem Pfeifchen im Steiß.« –

»Es ist ein unterhaltendes Schauspiel, selbst die kleinsten Kinder in den Quincaillerie-Werkstätten arbeiten zu sehen, und Farben, Puppen, Brummeisen, Kaffeemühlen, bleierne Soldaten sind keine unbedeutenden Artikel. Unbegreiflich ist die Wohlfeilheit des Nürnberger Tandes

Puppe, Mitte des 19. Jahrhunderts

aus erster Hand, und unsere Landkrämer müssen mehr als jüdischen Profit daran haben.«

»Man kann hier alles haben und muß in der Tat den Nürnberger Kunstfleiß bewundern. Noch heute gelten die Messingarbeiten Nürnbergs und deren mathematische Instrumente für die besten. Die Nürnberger Industrie erstreckt sich bis auf die Singvögel. Man hört in allen Straßen Vögel, und sitzende Handwerker geben sich mit deren Erziehung ab. Die Vogelhändler aus Tirol und Schwaben rekrutieren sich hier, und schon sind manches Jahr an 10000 Stück nach Holland und England, nach der Türkei und dem Norden gewandert.« –

»Verschwunden sind jetzt zu Nürnberg steife Höflichkeiten wie auch die alten lustigen Aufzüge, das Schönbartlaufen und andere Festlichkeiten. Es herrscht ein recht angenehmes geselliges Leben und eine Wohlfeilheit, die mir oft aufgefallen ist, wie die Anlage zum Witz. Es herrscht hier noch, wie zu Ulm und Augsburg auch, eine Redlichkeit, die anderwärts längst verschwunden ist, und die sie wohl schwäbische Einfalt nennen. Das Volk ist einfach, genügsam, gutmütig, heiter, zuvorkommend gegen den Fremdling, und das schöne Geschlecht gut gebildet, sanft, lustig und dennoch sittsam; die schüchterne Jungfräulichkeit fällt auf. Nürnberg war übrigens in Hinsicht der Reinlichkeit stets holländischer Natur, die Frauen stöbern wenigstens einmal in der Woche das ganze Haus von oben bis unten, könnten aber den weißen Sand allenfalls weglassen. Sie haben ihre Prunkzimmer, von denen nur bei großen Gelegenheiten Gebrauch gemacht wird, die Straßen sind sehr reinlich, und ihre vornehmeren Schwestern Hamburg und Frankfurt könnten hier manches lernen.«

Franken in der Biedermeierzeit

Nach dem Ende der napoleonischen Kriegszeit wurde Franken von zahlreichen neugierigen Nordlichtern entdeckt. Während die nach Italien weiterziehenden Besucher vor allem den Überschwang des Barock in Bamberg und Würzburg, Pommersfelden und auch Bayreuth empfanden, tauchten in die Vergangenheit gerichtete Gemüter tief in die Gotik Nürnbergs und Rothenburgs ein. Zwei der Beobachter hielten nicht nur Sagen und Kunstschätze, Städtehistorien und Kuriositäten fest, sondern zeichneten auch Charakterzüge der Inwohner nach. 1837 bereist der Düsseldorfer Regierungsrat Karl Leberecht Immermann Franken »gegen den Strich« von Frankfurt nach Hof, während der Stuttgarter Buchhändler Karl Menck-Dittmarsch 1840 Franken getreu seinem Buchtitel »Der Main von seinem Ursprunge bis zur Mündung« vom Ochsenkopf nach Mainz fuhr.

Karl Immermann

Aschaffenburg

»Übrigens allgemeine Klage über die Verarmung des Orts und das Lob der guten alten mainzischen Zeiten. Die Hofhaltung soll prachtvoll gewesen sein. Zwar hat der König aus Ärger über die Würzburger das Appellationsgericht hierher verlegt; aber das tut's doch halt nicht. Zuweilen kommt er (Ludwig I.) her; dann jagt er im Spessart! Große Hirschgeweihe unterm Schloßtor bekunden die desfallsigen Taten der Majestät. Dies Jahr hatten sie die Hoffnung auf seine Anwesenheit aufgegeben. Der Schloßverwalter gab mir den Schlüssel zur Terrasse und zum Garten, der den Abhang des Bergs rings um das Schloß bedeckt.«

Aschaffenburg. Begegnung Napoleons mit Fürstprimas von Dalberg 1806

Über den Spessart nach Lengfurt

»Im Spessart sind die Leute sehr arm; sie mengen Heidekornmehl und Mehl von Kartoffeln untereinander, backens, und das nennen sie Brot. Die Felder müssen sie mit hohen Planken umgeben; sonst beißt ihnen das Wild alles auf, dessen eigentliche Domänen diese unendlichen Wälder sind. Mein alter Fuhrmann sagte mir, die Hirsche ständen bei Abend und am Morgen in großen Herden an der Straße. Er zeigte mir an einer wilden einsamen Waldblöße den Ort, wo die Franzosen auf ihrem Rückzuge unter Moreau und Bernadotte (er meint Jourdan 1796) von den Spessarter Bauern überfallen worden seien. Dort sollen Tausende von Franzosen begraben worden sein.«

»... jenseits kommt man in den Markt Lengfurt. Der lehnt sich an den berühmten Berg Kallmuth, auf dem der köstlichste aller Frankenweine nach dem Steinwein, der Kallmuthwein, wächst.

Mein Kutscher sagte mir, im weißen Roß sei echter Kallmuth zu haben. Ich ließ natürlich am weißen Roß anhalten. Das weiße Roß gehört zwei alten Weibern, den Jungfern Röhrig. Die eine wackelte mit dem Kopfe und schnitt Futter für das Vieh; die andere wackelte auch mit dem Kopfe und trank Kaffee. Ich fragte, ob hier Kallmuth zu haben sei. Die eine schlug eine Lache auf über meine Idiotenfrage, die andere sagte: ›Ja freilich, echt, wie er wächst, von Anno vier.‹ Ich sagte: ›Gebt mir Kallmuth!‹ Sie versetzte: ›Es geht nicht; der Büttner (Kellner) ist nicht daheim; der kann ihn allein aus dem Faß ziehen.‹ Die andere sagte auch: ›Nein, es geht nicht.‹

Ich sagte zu ihnen, ich wolle mit ihnen in den Keller gehen; wir würden schon welchen herauskriegen. Sie weigerten sich dessen. Sollte ich vor dem Kallmuthfasse stehen und unverrichteter Sache abziehen? Ich zündete also ein Licht an und rief: ›Ich muß wahrhaftig Kallmuth haben. Ich gehe nicht ohne Kallmuth von hinnen.‹ Die beiden Alten sahen einander furchtsam an; sie mochten denken, ich sei verrückt. Endlich ging eine mit in den Keller. Dort setzte sie sich rittlings auf ein Faß, steckte den Heber in den Spund und zog und zog. Aber der alte zahnlose Mund hatte keine Kräfte mehr; nur einen Fingerhut des goldgelben Wassers brachte sie in das Glas. Es schmeckte nach bei weitem mehr; ich wollte daher nun ziehen. Das litt sie durchaus nicht; sie ließe keinen Fremden über das Faß, sagte sie.«

Von Würzburg und den Würzburgern

»Der Charakter Würzburgs ist ein sehr fröhlicher. Des Abends sitzen alle Stände untereinander vermischt in den Gärten um die Stadt oder in kleinen räucherigen Kneipen, in deren eine ich auch hinabgeriet, und wo ich Regierungsräte, Professoren und ganz geringe Leute an *einer* Tafel fand. Man hätte denken können, dieses Zimmer sei nur für elenden Krätzer gedielt worden, und es wurde der delikateste Wein ausgeschenkt.

Sie sitzen wirklich der Opulenz im Schoße. Kornfelder im Überfluß, und daher ein Brot, so klar und kräftig wie man es anderer Orte selten trifft; reichlicher Wiesenwachs für das Vieh, und folglich Butter süß wie eine Nuß; unendliche Weinberge und der Main von Fischen wimmelnd. Sie rühmen von dem Orte, daß man sich für 14 Kreuzer – etwa 4 Silbergroschen – in gutem Braten sattessen und dazu eine Maß Wein trinken könne. Charakteristisch ist es, daß der gemeine Mann nichts so verächtlich findet als einen Branntweinrausch, während sie in Betreff des Weines und des goldklaren, gewürz-

haften bitteren Bieres nicht so skrupulös sind.
Haben es nun solchergestalt die Gesunden vollauf, so ist von diesen mit rühmlichem Erbarmen auch für die Kranken und Armen gesorgt worden. Keine Stadt hat eine solche Menge von Anstalten für Darbende, Leidende und Gebrechliche als Würzburg. Alle Augenblicke wird einem ein Spital gezeigt.«
»Die Menschen sind frei, offen, von natürlicher Höflichkeit; die gute Meinung sieht ihnen aus den Augen. Straßenlang gehen sie mit dem unbekannten Fremden, um ihn zurechtzuweisen, und sind dann mit einem Kreuzer zufrieden, oder auch zufrieden, wenn sie nichts bekommen. Männer, die den höheren Ständen angehörten, traten zu mir heran, wenn ich betrachtend vor öffentlichen Gebäuden stand, und machten mich auf dieses und jenes aufmerksam.«

Bamberg

»Das ist eine Stadt, die steckt voll Raritäten wie die Commode einer alten Großmama, die viel zusammenscharrte. Ich hatte für Bamberg auch nur einen Tag angesetzt, aber es werden inklusive des Besuchs der Pommersfelder Galerie wohl drei daraus gemacht werden müssen, will ich von meinem Hiersein etwas haben. Das erste ist immer, einen Überblick von einer Stadt zu gewinnen; und deshalb stieg ich auch gleich in der Frühe auf den Michaelsberg, eine Anhöhe dicht an der Stadt, worauf die Michaelskirche und das Stift liegt, und von welcher man Bamberg zwischen seinen Hügeln daliegen sah, der hellste Sonnenschein dem Blicke die großen Gebirgsketten, die Rhön, die Staffelberge, die thüringer Gebirge und die fränkischen in voller Klarheit zeigte, die das weite Tal umziehen, in welchem der fromme Kaiser Heinrich mit seiner Kunigunde sein geliebtes Hochstift gründete.«
»Die Stadt ist voll von Sammlern verschiedener Antiquitäten und Kunstsachen und hat in *der* Beziehung Ähnlichkeit mit Köln. Ich ließ bei einem der renommiertesten, Herrn Joseph Heller, der auch Beschreibungen von Bamberg und der fränkischen Schweiz geschrieben hat und Verfasser eines Hauptwerks über Albrecht Dürer ist, meine Karte abgeben und wurde gegen die Mittagsstunde von einem kleinen Manne in abgeschabtem blauen Röcklein zwischen Repositorien, die bis unter die Decke voll alter Bücher und Drucke, Wappen mit Kupferstichen und Handzeichnungen staken, gar lustiglich empfangen. Ich ließ mir gleich das Allerschönste zeigen: die Mappe mit Handzeichnungen von Albrecht Dürer.«
»Ich trat in einen Buchladen ein, mir Ansichten von Bamberg zu kaufen. Da mein

Bamberg

Name zufällig genannt wurde, wurde ein Mann, der auch im Laden war, aufmerksam, trat zu mir und fragte: ›Sind Sie derjenige, welcher ...?‹ Auf meine Bejahung zeigte er sich sehr erfreut, mich so zufällig kennenzulernen und trug sich mir zum Cicerone und Gesellschafter während meines hiesigen Aufenthaltes an. Er erbot sich auch, mich zu Kunz zu führen, der unter dem Namen Z. Funck jetzt die Memorabilien aus Hoffmanns und Wetzels Leben herausgegeben hat, und den ich hier besuchen wollte, wie ich in Düsseldorf sagte.«

»Bamberg hat eine geistige Vergangenheit, die noch in einzelnen wehmütigen Lauten der Erinnerung zu dem Wanderer redet. Hier privatisierte Hegel nach der Schlacht von Jena (1806) und vollendete seine ›Phänomenologie des Geistes‹, hier leitete Graf Soden und nachmals Holbein das Theater. Calderons ›Andacht zum Kreuz‹ wurde zuerst hier gegeben und mit unglaublichem Enthusiasmus aufgenommen; dann folgten ›Die Brücke von Mantible‹ und ›Der standhafte Prinz‹. Hoffmann malte dazu die Dekorationen, nachdem er als Musikdirektor durchgefallen war, weil er die Oper ›Aline‹ mit dem Flügel hatte dirigieren wollen, was die Leute nicht verstanden. Die ›Phantasiestücke‹ und ›Der Hund Berganza‹ wurden hier geschrieben.«

»Den Mittag aß ich bei Kunz mit seiner Frau und einer sehr schönen Tochter. Wir tranken guten Burgunder, der mir beim Scheine so lieblicher Augen doppelt wohl schmeckte und sprachen dabei von Not und Mangel. Ich sagte: ›So ists recht: Sie haben nichts und ich habe nichts. Einer muß auf den andern loszehren; die reichen Leute haben das Geld und wir armen das Wohlleben; dadurch ist das Gleichgewicht in der Welt wieder hergestellt.‹«

Muggendorf

»Suchen Sie nur auf Ihrer blauen Spezialkarte nach dem Orte! Sie finden ihn nicht. Hier sitze ich mitten im Gebirge in der sogenannten fränkischen Schweiz, versteckt wie der Hase im Kohl. Ich habe so viel von diesem Bergländchen und seinen Höhlen, von seinen Felskuppen und Raubritter-Schloßruinen, seinen eigentümlichen Leuten und Trachten gehört, daß ich mich nicht entbrechen konnte, den Umweg nach Bayreuth über dieses Gebirge zu machen, da ich doch nicht weiß, ob meine Wünsche eintreffen und ich das vielgeliebte Frankenland jemals wiedersehe.«

Streitberg

»Ich kletterte zu den Ruinen von Streitberg empor. Ich fragte meinen Führer oben, ob sie nicht früher preußisch gewesen seien. Hier fing nämlich schon das Bayreuthische an. ›Ja‹, versetzte er, ›und wir sind immer noch altpreußische Kinder und sind auch nur unter der Bedingung abgetreten, daß wir unsere preußischen Rechte behalten.‹ Dies bezieht sich darauf, daß in Bayreuth und Ansbach immer noch das preußische Landrecht gilt. Die Verehrung für Preußen habe ich überhaupt durch ganz Franken sehr groß gefunden. Ganz ungesucht haben in Würzburg und Bamberg Leute verschiedener Stände in meiner Gegenwart das Lob unseres Staates ausgesprochen.«

Fränkische Schweiz

»Noch jetzt erinnert manches bei dem Volke an das alte Slawentum. Sie sind überaus höflich; schon fünf Schritte vor der Begegnung nehmen die Männer die Hüte ab. Die Weiber sind alle hübsch; ich habe kein einziges häßliches Gesicht gesehen; doch altern sie früh, und die etwas breiten Formen zeugen auch noch von der wendischen Abstammung. Weißgekleidete Klagefrauen sind bei den Bestattungen üblich; der Leiche wird, wenn sie aus dem

Haus getragen wird, Wasser nachgegossen. Am Sonntag Lätare treiben die Knaben mit wildem Geschrei den Tod aus; am ersten Mai sind an die Stelle des alten Götzendienstes Wallfahrten getreten usw. Doch hat sich dies mehr in den katholischen als in den protestantischen Ortschaften erhalten. Eine ganz eigene Kopfbedeckung haben die Weiber. Sie binden sich ein – in der Regel rotes – Tuch um das Haupt dergestalt, daß der Zopf hinten in einem langen Schlauch wie ein spanisches Netz herabfällt, woran ihnen zu beiden Seiten die gebundenen Ende wie Zöpfe hangen.«

Mistelgau

»Diesen Ort, der etwas von der Straße abliegt, besuchte ich wegen seiner Bewohner. Die Mistelgauer sind die Schöppenstädter dieser Gegenden. Sie sollen viele Eulenspiegeleien verübt haben, dabei aber schalkisch und aufgeweckt sein; auch rühmt man ihr freundliches, dienstfertiges Wesen. Sie tragen sich ganz abweichend. Die Männer haben kurze Röcke wie die Tiroler, gestickte Hosenträger, weite schwarze kurze Hosen. Die Weiber haben kurze Faltenröcke wie die Altenburger Bäuerinnen; die Kinder schleppen sie in einer Art Quersack wie kurze Ware auf dem Rücken. Mir begegnete eine Mistelgauerin mit dieser Bürde. Der Balg schrie in seinem Tornister aus Leibeskräften; die Mutter schritt, ohne das zu achten, fürbaß.«

Bauern aus dem Mistelgau

Bayreuth

»Nach Tisch nahm mich der Regierungsrat Krafft, an den mich Kunz empfohlen hatte, in seinem Wagen mit nach der Eremitage. Der Ober-Baurat von Schlichte-

groll aus München, der Sohn des bekannten Nekrologen, fuhr auch mit. An der berühmten Rollwenzel'schen Bierkneipe hielten wir still, stiegen aus und ließen uns das Stübchen zeigen, worin Jean Paul vieles geschrieben hat.
Es ist ein blaues niedriges Kämmerlein mit einer hübschen Aussicht; allerhand Pfennigkupferstiche hängen schief und krumm umher, und dazwischen Jean Pauls lithographiertes Gesicht mit einer pomphaften Unterschrift. Auch der Becher, welchen ihm die Mittwochsgesellschaft zu seinem Geburtstage verehrte, ist dort zu schauen. Es ist ein großes Glas mit einer Inschrift; die Mittwochsgesellschaft hatte sich einmal wieder fürstlich angegriffen.
Bei der alten Rollwenzel, die übrigens tot ist, schrieb er im Winter; im Sommer hatte er ein anderes Absteigequartier. Zu Hause mochte er nichts schreiben. Wenn er ausging, um zu arbeiten, guckte ihm aus jeder Tasche eine Flasche; in der einen war Arrak, in der anderen Rotwein. Sein großer weißer Pudel ging immer mit.«

Goldkronach

»... marschierte ich nun höher in das Gebirge nach Goldkronach, wo die Gruben und Schächte sind, um eine zu befahren. Ich fand den Steiger auf der Grube, Fürstenzeche genannt, und teilte ihm mein Anliegen mit. Er versah mich mit dem Grubenkittel, band mir das Leder vor, gab mir das Grubenlichtlein in die Hand und ließ mich in den gähnenden Abgrund hinabschauen.« (Da ihm der Abstieg zu beschwerlich ist, ›befährt‹ er einen Stollen, einen waagrechten Gang.)
»Gearbeitet wurde an diesem Tage wenig; sie mußten Wetter schaffen und Gestein heraufwinden. Die Luft war in den erzführenden Stollen so verdorben, daß kein Häuer es über eine Stunde drinnen hatte aushalten können. Ich kriegte ordentlich Respekt vor dem Menschen, der die großen Dome baut, die haushohen Linienschiffe zimmert und quer durch den Bergfels seine Wege sprengt. Sie bauen in dieser Grube auf Antimonium-Spießglanz.«
»Die meisten Gruben umher werden auf Spießglanz gebaut; doch gibt es auch Eisengruben und außerdem bedecken Eisenhämmer, Rußhütten, Pechschwelereien, Sägemühlen und Blechschlägereien das Gelände. Überall daher Rauchsäulen, Hämmern und Klopfen..., Elend werden die Menschen für ihre sauere Arbeit bezahlt. Der Steiger erhält nicht mehr als einen Gulden pro Tag, die Zimmerhäuer 30 Kreuzer (½ Gulden, ungefähr 8 Sgr.) und so herunter 24, 18, 12 Kreuzer. Übrigens herrscht strenge militärische Ordnung auf der Grube. Der Steiger steht über der ganzen Grube; dann geht die Hierarchie

so abwärts: Zimmerhäuer – Bursche – Häuer – alter Junge – Lehrling. Der Steiger kann züchtigen und loslassen. Ich fragte einen alten Jungen, wieviel Streiche der Steiger austeilen dürfe. Er antwortete ganz naiv: ›So viel, wie er Lust hat.‹ Es ist ein einfaches, schlichtes, bescheidenes Geschlecht. Meine Trinkgelder wollten sie nicht annehmen.«

Bischofsgrün und Ochsenkopf

»In Bischofsgrün, einem Dorfe, am Fuße des Ochsenkopfes alpenhaft mit seinen grauen Schindeldächern gelagert, nahm ich einen Führer, den Berg zu besteigen. Er sieht ziemlich klein aus, wie alle wahrhaft großen Berge deutscher Formation, die sich durch lang und langsam emporge-

Schneeberg und Ochsenkopf

schwungene Linien charakterisiert. Man denkt bald oben zu sein; aber – es hat sich.«

»Ich hüllte mich in meinen Mantel, denn der Wind pfiff schneidend kalt, setzte mich auf die Granitkuppe und ließ mir von meinem Führer Geschichten erzählen. Eigentümlich sind diesem Gebirge die Sagen von den wandernden Italienern, welche herkommen und in Klüften und Gruben, die andern unbekannt sind, kostbare Steine, Gold und Silber zu finden wissen. Dann kehren sie, wenn sie alle Taschen angefüllt haben, nach Wälschland zurück und sind reiche Leute.

Auch eine unsichtbare Kirche ist oben auf dem Gipfel des Ochsenkopfes. Am Johannistage wird sie gesehen und sonst nicht, und auch nur von Sonntagskindern. – Übrigens scheint mir die ganze Sagenwelt bei dem Volke im Erlöschen; man muß die alten Geschichten den Leuten förmlich abpressen. Von selbst fangen sie nie davon an und sind auch immer bemüht, dem Hörer gleich bemerklich zu machen, daß sie an das dumme Zeug nicht glauben. Noch fünfzig Jahre und die Berge sind Erde und Stein, die Flüsse Wasser, die Wälder Holz, die Bergtrümmer gemeiner Schutt.«

Wunsiedel

»In Wunsiedel hatte ich einen brutalen, betrunkenen Wirt, der mich auslachte, als ich ihn fragte, ob die Luisenburg in einer halben Stunde zu besehen sei. Nachdem ich angekommen war, merkte ich, daß der Spiritus in dem Manne die Wahrheit, wenn auch nicht die Höflichkeit gewirkt habe; denn man würde wenigstens einen Vormittag brauchen, um die ganze Partie kennenzulernen.«

»In Wunsiedel ging ich in das Schulhaus, worin der gefeierte Humorist (Jean Paul) zur Welt kam. In nachheriger Zeiten hat man ein Stockwerk daraufgesetzt; früher war es einstöckig. Rechter Hand ist die Geburtsstube; darin fand ich einen freundlichen Schulkollegen. Das Haus liegt an einem freien Platze; darauf soll das Denkmal errichtet werden, wenn es noch zustande kommt.«

Hof

»Hier in Hof ist so ein Straßenknoten, wo ich gern hin und wieder einen halben Tag verweile, mich auf die Bank setze und dem Getreibe nach den vier Himmelsstrichen nachsinne. Franken hat aufgehört; Sachsen beginnt; gen Böhmen deuten Postkurse und Wegweiser. Lange Züge von Frachtwagen bedecken die Straße.

Der Abend war reizend klar, der Blick von der Höhe über den Saalegrund lieblich. Ich hatte hier milde, durchsichtige Gedanken wie die Luft, in der sie entstanden.«

Karl Menck-Dittmarsch

Über den Charakter der Bamberger

»Die hervorragendste Tugend des Bambergers ist Gastfreundschaft und Geselligkeit. Er macht sich gern eine Freude und teilt diese am liebsten mit andern. Ein biederer, gerader Ton, das rühmliche Kennzeichen des wahren Deutschen, herrscht im bürgerlichen Leben überall vor. Wer bei den Untertanen der ehemaligen Priesterherrschaft Bigotterie oder gar Intoleranz sucht, wird sich betrogen finden. Die Geistlichkeit selbst bewegt sich in den Kreisen des socialen Lebens mit Freimut und läßt am wenigsten Fremde von den oft zu eng gezogenen Schranken ihres Standes etwas empfinden. Wohl hängt der Bamberger an seiner angestammten Religion und ehrt fromm die Gebräuche der katholischen Kirche, allein dennoch wird niemand, sei er auch anderen Glaubens, nur eine Spur jener ängstlichen Vorsicht gegen Fremde finden, die eine allzu schroffe Intoleranz gewöhnlich mit sich zu bringen pflegt.

Fremde von Bildung finden leicht Zutritt zu den engeren Familienzirkeln, doch dürfen sich Windbeutel und aufgeblasene Toren derber Zurechtweisung versichert halten; denn in seiner Gradheit macht der Bamberger wenig Umstände. Dieselbe Cordialität wie im Familienleben empfängt den Fremden an den öffentlichen Vergnügungsorten und den abendlichen Sammelplätzen der Männerwelt. Deren zählt unsere Stadt gegenwärtig drei: die Harmonie, das Museum und die Concordia. Die erstere für die Aristokratie und vornehme Welt überhaupt, doch ist der vorherrschende Ton gezwungener als in den beiden andern. Wer den Bamberger in seiner ganzen liebenswürdigen Gemütlichkeit kennenlernen will, muß abends eine dieser letzteren Gesellschaften besuchen. Den gebe ich für das sociale Leben auf, der sich nicht unwillkürlich hingerissen von der natürlichen Herzlichkeit dieser ächten deutschen Menschen fühlt.

Durch Bekanntschaft irgend eines anständigen Bürgers kann man leicht Zutritt erhalten. Der Bamberger liebt es überhaupt, wenn man seine Gefälligkeit mit Maß und Ziel in Anspruch nimmt. Schon durch diese eine Tugend zeichnet er sich rühmlichst vor dem eigentlichen *Altbaiern*

Kitzingen

aus, den man überhaupt bei aufmerksamer Beobachtung vom *Franken* bald unterscheiden lernt. Die Grenze zieht sich hierin oft schroffer als man glaubt, doch soll damit nicht gesagt sein, daß sich unter beiden verschiedenen Volksstämmen nur irgendeine Spur von Uneinigkeit oder Abneigung fände.«

Was an den Kitzingern aufgefallen ist

»Ein reges Geschäftsleben entfaltet sich in den geräumigen Straßen. Kaufmannsgehülfen, die Feder hinterm Ohr, die an Sonn- und Feiertagen in eleganter Tournure selbst den Frankfurter Dandies nicht nachstehen; Kärrner und Lastträger, Händler und Käufer, alles wogt in bunter Unordnung durcheinander. Was Ton und Geselligkeit betrifft, so können wir nach dem Urteil unterrichteter Männer und nach eigener Anschauung nicht allzu viel Rühmliches davon berichten. Kitzingen ist eine handeltreibende Stadt voller spekulierender Menschen, von denen sich die meisten ansehnliches Geld und Gut erworben haben. Spekulation durch Reichtum und Reichtum durch Spekulation vertragen sich aber in der Regel mit den Genüssen eines höhern, geistigen Lebens nur schlecht.

Wenn sich der Kitzinger eine Lust machen will, so genießt er sie für sich oder im Kreis seiner Familie und scheut dabei die Gegenwart des Fremden. Die jüngeren Männer sind fast ohne Ausnahme passionierte Jäger und verpuffen Jahr aus Jahr ein manches Pfund Pulver auf die friedlichen Tiere des Waldes. Übrigens soll mit alledem nicht gesagt sein, daß sich der Fremde nicht heimisch in unserer betriebsamen Mainstadt fühlen könnte; es gehört nur ein etwas längerer Aufenthalt und ein gewisses Studium der Neigungen und Gewohnheiten dazu.«

Von den Menschen am Mittelmain

»Wie viele schöne Stromgebiete gibt es, deren Bewohner bei einem Überfluß an Wein zu verhungern drohen. Der Mainauer dagegen besitzt alles, was ihm nötig ist. Seine Berge, seine Fluren erzeugen die Rebe mit derselben Bereitwilligkeit wie die Ähre oder den fruchttragenden Obstbaum. Deshalb herrscht fast am ganzen Mainstrom jene geteilte Wohlhabenheit, die jedem das Seine zukommen läßt und dem Staate immer die nützlichsten Untertanen gewährt. Die Lebensweise auf dem flachen Lande und in den kleinen Städten hat schon von Schweinfurt an einen anderen Charakter angenommen. Vermehrter Wohlstand bringt andere Sitten mit sich; der Landbewohner beginnt Bedürfnisse zu fühlen, die der Obermainauer nicht kennt, da es über seine Kräfte geht, sie zu befriedigen. Ohne es gerade verschwenderisch nennen zu wollen, leben doch die meisten recht gut. Eine gewisse Intelligenz macht sich besonders bei dem bemittelten Weinbauer bemerkbar; die Nähe der großen Städte benimmt ihm jene ängstliche Schüchternheit, die dem Kleinstädter und Landmann eigen zu sein pflegt. Es gibt helle Köpfe unter ihnen, und wer die Leute am Mittelmain Obskuranten oder bigott nennt, hat sie schlecht kennengelernt.«

Von der Art der Würzburger

»Die Würzburger sind ein hübscher Schlag Menschen wie alle Franken, stark, meist korpulent, doch weniger durch den Ausdruck ihrer Gesichtszüge auffallend, der nicht immer auf die geistigen Fähigkeiten des Inhabers schließen läßt. Von dem schönen Geschlecht möchte ich lieber schweigen, um nicht Erinnerungen in meinem sonst etwas schwer entzündbaren Herzen wach werden zu lassen; Erinnerungen, die jedem Fremden, der gleich mir Sinn für Schönheit und Grazie besitzt, teuer, aber auch schmerzlich sein müssen. Ja ihr holden Würzburger Frauen und

Mädchen, Ihr habt Euch einen neuen glühenden Verehrer Eurer Reize in mir erworben, und wenn ich Dichter genug wäre, so würde ich Euch in Sonetten und Oden verherrlichen.

Der Fremde wird sich in den geselligen Kreisen unserer Städter leicht heimisch fühlen. Der Zutritt in Familien wird nicht allzu schwer gemacht, doch herrscht namentlich in diesen, wie auch in den Zentralisationspunkten der Gesellschaft nicht derselbe herzliche freie Ton wie zu Bamberg. Ich möchte Würzburg eine aristokratische, Bamberg eine demokratische Stadt nennen. Wessen geistige Konstitution von etwas massiverm Korn geformt ist, wird sich dort besser als hier befinden. Der Ton der Würzburger ist zeremonieller und verlangt ein genaueres Studium, ja ich möchte beinahe behaupten, Würzburg sei vornehmer und das kommt bestimmt von nichts anderem als der blühenden, reichen Weingegend her.

Die Weintrinker sind immer vornehmer als die Biertrinker, das soll eine alte Wahrheit sein. Indessen wollen wir dem großen Ruhm des Würzburger Biers dadurch keinen Eintrag tun. Welcher Einheimische oder Fremde erinnert sich nicht mit Entzücken der schönen Stunden, in welchen er auf dem hochbeliebten ›Letzten Hieb‹ seinen Krug cerevisia hinuntergoß, im Vordergrund von der stolzen Höhe herab das prächtige Würzburg, die majestätische Marienburg, das fromme ›Käppele‹ vor sich liegen sah. Das sind Augenblicke, die ewig unvergeßlich bleiben müssen!«

Miltenberg

»Miltenberg, unser freundliches Städtchen, würde indess auch ohne all' die gerühmten Sehenswürdigkeiten den enteilenden Fuß des Wanderers durch die Gastfreundschaft und Liebenswürdigkeit

Miltenberg

seiner Bewohner zu fesseln imstande sein. Wir behaupten nicht zu viel, wenn wir sagen, daß nicht leicht ein zweites deutsches Städtchen gefunden werden dürfte, wo so viel Cordialität und Bildung herrscht wie hier; in dieser Richtung hat sich unser Miltenberg glorreich emanzipiert und wenn es sich dereinst zu der Bedeutendheit, die prophetisch vor meinem Geiste steht, emporgeschwungen haben wird, dann ist es längst befreit von den Fesseln jener ominösen deutschen Kleinstädterei. Ich habe unter Miltenbergs Männern und Frauen mehr Bildung und Sinn für geistige Interessen gefunden als in mancher hochgepriesenen Residenz. Möge nie jene herzgewinnende Gemütlichkeit aus euren geselligen Kreisen weichen, freundliche Bewohner unseres Städtchens.«

Aschaffenburg

»Welche Charakteristik verlangt aber Ihr, ehrenwerte Bürger der alten Ascapha und Ihr schönen oder nicht schönen Aschaffenburgerinnen? Ich werde so viel Rühmliches von Euch sagen, als ich nur kann. In dem Aschaffenburger par excellence liegt ein gewisses Etwas, das sich nur schwer beschreiben läßt. Es ist ein Gemisch von Stolz, Eigenliebe und Conversationsbildung, welches alles von der altbaier'schen Derbheit so auffallend absticht, daß man in einem ganz anderen Staat zu leben glaubt, wenn man einige Zeit in den socialen Kreisen weilt, die sich indessen nur Auserwählten öffnen. Das Hofleben hat die kleine Stadt verwöhnt, überall strebt man höher hinauf, als man soll; dem Ton ist etwas vom altfranz. Zeremoniell beigemischt und das ganze Wesen kommt mir so geleckt, gemessen und abgezirkelt vor, daß ich unwillkürlich an einen courtisan de l'ancien régime in der Tournure von 1742 erinnert wurde, wenn ich so in das Treiben hineinsah. Viel, außerordentlich viel Eleganz und Putz herrscht beim weiblichen Geschlecht, und das ist ein böses Omen, denn meist ist es nur Flitterflimmer, der die Armut bedeckt. Dazu kommt noch, daß man in Aschaffenburg am allerteuersten im ganzen Baiern lebt. Trotz mancher Mängel, die wir offen und frei bekannt, besitzt der geborne Aschaffenburger doch eine Vorliebe für seine Stadt, die bei manchem schon zur förmlichen Manie ausgeartet ist.«

Richard Wagner

Über den »Letzten Hieb«

»Mein Bruder und dessen Frau verließen nach Ostern (1833) Würzburg, um auswärtigen Einladungen nachzugehen, ich blieb mit den Kindern – drei jungen Mädchen in dem zartesten Alter – allein zurück. Teils mit meiner Arbeit beschäftigt, teils vom lustigen Umgang in Beschlag genommen, konnte es nicht ausbleiben, daß ich die Pflege meiner Ziehkinder vernachlässigte … Mit ihm (Alexander Müller) und anderen Freunden, unter welchen Valentin Hamm durch seine groteske Figur, sein tüchtiges Geigenspiel und namentlich seine enorme Spanne auf dem Klavier – er griff mit einer Hand eine Duodecime – mir sehr unterhaltend war, machte ich oft Ausflüge in die Umgebung, wobei es in bayerischem Bier und fränkischem Wein lustig herging.

Der ›Letzte Hieb‹, ein auf anmutiger Höhe gelegener öffentlicher Biergarten, ward fast allabendlich Zeuge meiner wilden, oft enthusiastischen Lustigkeit und Ausgelassenheit: nie kehrte ich in den warmen Sommernächten von dort zu meinen drei Pflegekindern zurück, ohne über Welt und Kunst in sonderbare Exstase geraten zu sein.«

Ludwig Richter zeichnet fränkische Landschaften und Menschen

Der Leipziger Verleger G. Wigand beauftragte 1837 den Vierunddreißigjährigen, Franken zu bereisen, um für das Frankenbuch des Coburgers Gustav von Heeringen Vorlagen zu Radierungen zu schaffen. Am 17. August beginnt er seine Erkundung mit der Burg Rabeneck im Fränkischen Jura und notiert sich in einem kleinen Tagebuch von 15 Seiten, was ihm Auffälliges begegnete bis zum 6. September, als er nach der Übernachtung in Pfarrweisach ins Coburger Land hinüberwechselte. Als sparsamer Sachse legte er zumindest die Hälfte des Weges zu Fuß zurück, wird häufig auf Bauernwagen mitgenommen und ist nahezu erbost, weil er von Aurach zum Galeriebesuch in Pommersfelden 1 Gulden und 30 Kreuzer hatte ausgeben müssen für einen mit Stroh gestopften Leiterwagen. Während der Band »Franken« der Reihe »Das malerische und romantische Deutschland« neben Städten und Landschaften auch fränkische Menschen zeigt, verrät das knappe Tagebuch auch etwas von Richters Umgang mit ihnen.

Vom ersten Quartier in Waischenfeld berichtete er: »Wieviel Liebliches und Schönes ich hier finde, kann ich Dir gar nicht sagen; von der Wirtsstube, ihren Gerätschaften, dem interessanten Volke, Sprache u. Tracht, die ganze Gegend Schritt vor Schritt gibt mir Interessantes, ja Bilder u. zwar in einem Karakter, wie ich ihn immer zu finden wünschte. – Meinem Leibe geschieht auch kein Abbruch, wie Du Dir denken kannst, das köstliche Bier

Burg Neideck

(der Krug 2 Kreuzer oder 6 Pfennig), die ganz ausgezeichneten Forellen von der Größe wie ein kleiner Karpfen, u. alles, was noch drum und dran hängt, ergötzen meinen Magen ebenso, als meine Seele sich glücklich u. gehoben fühlt im Anschauen einer so wunderschönen Natur.« Auch am Tag darauf spürt er wieder, was Leib und Seele zusammenhält. »Den nächsten Morgen wieder nach Rabenstein zur alten Kapelle u. da gezeichnet bis Mittag. Dann ging ich bis zum Wirtshaus, der ›Toos‹, wo das Flüßchen, die Wiesent, einen schönen Wasserfall macht. Die Wirtin brachte Brot u. Butter mit Schnittlauch u. unterhielt sich sehr hübsch mit mir; die Leute waren katholisch, u. mich freuten die einfältig-frommen Äußerungen der Frau aufs Höchste. Sie sagte: ›Ja, wenn ich so denk, daß i in a Kloster gehe könnt, so wollt i wohl ganz ohn alle Sünd lebe.‹ – Ich entgegnete, daß die Sünde auch mit uns ins Kloster gehe, u. wir müßten die Sünde überwinden mitten in der Welt. – ›Ja, ja‹,

sagte die Frau, ›nit wohr, von die Uhr, die nit aufgezoge ist, kann man nit wisse, ob sie richtig goht, wann sie aber goht, dann kann man sage, ob's ahne richtige Uhr ist.‹ – Es war mir rührend, wie sie jede kleine Begebenheit ihres armen, beschränkten Lebens recht als göttliche Führung ansah. Sie war eine von den stillen, einfältigen Seelen, die in Gottes Aufsicht und Gnade stehen. Die jüngste Tochter führte mich in ein waldiges Tal zu gewaltigen Felsenhöhlen, die Riesenburg genannt. Spät abends nach Muggendorf zum Spanselwirt.«
Am 19. 8. sieht er die Ruine Neideck, wandert bei großer Hitze über Streitberg nach Oberaufseß, dann über Wüstenstein nach Hilpoltstein. »Eine Kneipe erkannt, wo ich vor 14 Jahren, als ich nach Italien ging, einkehrte«. Am 22. 8. abends trägt er ein: »St. Sebaldi Wald. Sonnenuntergang. Da lag das liebe Nürnberg, voll Freud und Wonne darauf hin.« Tags darauf besucht er die Burg, bewundert Dürers Kaiser Sigismund, betrachtet Gemälde von Burgmaier und Hans von Culmbach. »Wie tief ist der Ernst dieser Alten, wie gemütlich ihr Scherz, wie ehrenwert ihre Meisterschaft, wie prunklos ihre Natur, wie wahr u. ächt ihre Kunst!« Von St. Sebald bemerkte er: »Das Wunderwerk des P. Fischer, das St. Sebaldus-Grab ist mir durch Mark und Bein gefahren, diese Hunderte von Figuren daran sind doch zum Erstaunen frisch u. leicht gedacht u. gemacht, man kann nichts Kunstvolleres sehen. Besonders schön, einfach u. würdig sind die Basreliefs. Das Leiden Christi außen an der Sebaldus-Kirche von A. Krafft ist mir nächst dem Grabmal das liebste Werk in Nürnberg gewesen u. ich konnte nicht oft genug wieder dahin gehen, um es immer wieder zu betrachten.«

Trachten aus dem Ochsenfurter Gau

»Trotz aller Zurüstungen zum Volksfeste riß ich mich vom geliebten Nürnberg los u. setzte mich um 4 Uhr auf den Dampfwagen. Bäume und Felder sausten wie ein Wassersturz vorbei. Mein Nachbar bot mir eine Prise, ich nahm sie, nieste ein paarmal, wobei jener ›Prosit‹, ich ›Danke schön‹ sagte, u. bei diesem kurzen u. erbaulichen Discurse waren wir auch schon in Fürth angelangt. Ich eilte sofort zur Zirndorfer Veste hinaus, einer Burg, von welcher nur noch Grundmauern stehen.« Nachdem er sich noch auf dem Fürther Trödelmarkt umgesehen hat, zieht er weiter nach Cadolzburg, Neustadt, Kitzingen, wo er im Wirtshaus zum Bär rastet, und Biebelried. »In den Ortschaften war es sehr sonntäglich, da des Königs Geburtstag gefeiert wurde. In Biebelried ein schönes Wirtshaus ...«

Aquarelle von Peter Geist 1852

Am 26. wanderte er früh vor 5 Uhr nach Würzburg. »Heller Morgen. Ein alter 72jähriger Mann war mein Wandergesell. Würzburg hatte sich noch in Morgennebel verhüllt, u. nur langsam traten die schönen Türme und Kuppeln der Stadt u. die Festung gegenüber hervor. – Schönes Reitermanöver auf einer Höhe. – Ein Zug Geistlicher. – Der alte Dom, altgotisch. Viel Leben u. bunte Trachten auf dem Markt. – Wirtshaus zum Reichsapfel. – Nachmittags traurig langsame Fahrt auf einem beladenen Wagen mit dem Wertheimer Boten. Wir kamen da nachts nach 11 Uhr erst an.« Nachdem er am Sonntag eine Predigt und den Kolosserbrief gelesen hatte, zeichnete er nach Tisch einige »hübsche Partien. Das sehr altertümliche Städtchen mit gotischer Kirche, altem schönen Hafenturm, sehr malerischen Mainschiffen, u. auf dem Berge die bedeutende Ruine eines Schlosses, dessen

einer Teil noch bewohnt wurde von einem Schneider, der das Glöcklein besorgt, machte sich sehr hübsch. Nachmittag trat ich meinen Rückweg an. Überall geputztes Landvolk. Die Männer mit dem Dreispitz oder runde Pelzkappe mit goldner Bammel, rote Weste mit Silber-Knöpfen, gelblederne Hosen u. Strümpfe mit Lederriemen geschnallt. – Die Mädel gar hübsch. Schwarze spitze Häublein, volles Gesicht, blendend weißes Hemd, sehr buntes Mieder mit silbernen Häkchen u. Schnüren, Latz. Schwarzer kurzer Rock, blaue oder weiße gestreifte Schürze. Strümpfe blau mit Zwickel. In den badischen Orten war heute Erntetanz.«

»Ich war aber müd, matt, krank u. traurig. Es schnitt mir im Leib, daß mir der kalte Schweiß ausbrach, und ich wankte sehr trüb u. elend die Straße hin u. blieb endlich in Uettingen, wo ich ein hübsch Stübchen bekam u. dieses bei großem Übelbefinden noch schreibe. Ich ließ mir einen schwarzen Kaffee kochen. Burschen u. geputzte Mädel stehen vor den Türen u. singen gar hübsch. Im Wirtshaus lärmt es toll durcheinander.«

Über Roßbrunn zieht er weiter: »Ich ging bis Würzburg, wo ich wieder im Reichsapfel mich an einem roten Rheinwein etwas ergötzte, obwohl mir das Essen noch nicht schmecken wollte. Nach Tisch weiter. Der Weg war einförmig, das Gehen beschwerlich, u. ich sehr unlustig, bis ich abends nach Dettelbach kam, wo sich eine liebliche Gegend nach dem Steigerwald zu eröffnete. Dettelbach lag sehr malerisch; besonders romantisch war das Wallfahrtskirchlein vor der Stadt am späten Abend. Ringsher viel Betsäulen oder Herrgottsbilder. Abends spät in einer Dorfschenke im Dorf Schwarzach übernachtet.«

Nachdem ihn der Knecht des Wirtes im Regen bis Ebrach mitgenommen hatte, bringt ihn ein Weinhändler bis Burgwindheim. Am 30. läuft er dann die sieben Poststunden bis Bamberg. »Mich erfreute die Stadt u. ihre Lage gar sehr u. fand auch einen hübschen gemütlichen Gasthof beim Engelwirt. Nachmittags herumgezogen, um eine Ansicht von Bamberg zu gewinnen, wollte sich aber nicht recht machen. – Freundliche Soldaten, die mich gratis überfuhren. Sehr erfreuen mich die Schiffe, gleich kleinen antiken Seeschiffen. – Alte, gotische Heiligenbilder. – Wunderschöne Abendbeleuchtung, Schlagschatten in der Ferne, u. helle goldgrüne Lichter schwebten über die sanften Berge. Städtchen u. Dörfer, die alte Burg Giech, präsentierten sich gefällig. – Schöner Blick vom Martinskloster. Abends erquickte ich mich an dem süßen Biere, Rebhuhn u. Erdäpfel. – d. 30sten: Da ich für schweres Geld keinen Wagen bekam, so marschierte ich in Gottes Namen wieder den gestrigen Weg auf der Würzburger Straße, nachdem ich vorher in der alten Frauenkirche, durch den Gesang gelockt, einen kurzen Frühgottesdienst, wobei Prozession war, mitgemacht hatte.« (Für einen Protestanten ein recht ungewöhnlicher Tagesanbruch.) In Aurach mietete er dann einen Leiterwagen zum Besuch der Galerie in Pommersfelden.

Danach fehlen einige Seiten, die er sehr wahrscheinlich seiner Frau zusandte, von der er Post in Bamberg erhalten hatte. Der Text beginnt wieder mit: »Montags d. 4ten – Der Kreuzberg. Die Schenkstube in Steinach wurde am Morgen mit der Harke gereinigt, es fanden sich auch früh schon einige Bauern ein, welche alle die Ohrfeigen und Faustschläge bereits verschlafen hatten. Mich hatte des nachts der Durst u. eine Unzahl Flöhe geplagt, so daß ich wenig geschlafen hatte. – Die Berge hingen voller Nebelwolken, u. der Nebel stieg leider in die Höhe. – Ich ging nun über den Premich nach Waldberg, ein Rhöndorf am Kreuzberg. Die Leute freundlich u. mitteilsam. Wunderschöne Eichwaldung. – Der Weg über steinigte Schaftriften, immer bergauf, bis zur Buchwaldung hatte mir was Heimelndes. Oben ist der Berg kahl. Ein Häuschen u. hohes Kreuz steht da. Die Aussicht ist ausgebreitet, doch war es zu nebeldunstig. Schaurig schauen die hohen Rhönberge aus schwarzen Nebeln heraus; weite Triften u. einzelne Waldungen, hie u. da ein hochgelegenes einsames Dörflein, das war die Rhön; u. ich wäre gerne des Volkes wegen in diese Reviere hinübergestiegen. – Etwas unter dem Gipfel des Kreuzberges liegt das sehr anspruchslose Kloster u. ein Wirtshaus. Im Kloster sind nur 4 Franziskaner. – Schnell kam ich nach Bischofsheim hinab, nachdem ich mich an Hammelbraten gelabt hatte, u. pilgerte nun noch ziemlich müde die 5 Stunden bis Neustadt, was ich bei vollen Regengüssen erreichte, u. im Goldnen Mann ein hübsches Quartier fand.«

Tags darauf besieht er die Ruine der Salzburg, in der mehrere Bauern und eine Schenkstatt sich eingenistet haben. Dann verirrt er sich im Bildhäuser Wald, gelangt aber an die Saale. »In Saal, einem Marktflecken, war nichts zu haben als sauer Bier, Brot u. Käse. Durch Königshofen eilte ich hindurch. – Schöne Rückblicke auf den Kreuzberg u. die Rhön, über welche dichte Regen zogen. Ich blieb heute davon verschont.«

»Mittwoch, d. 6ten. Heute wurde das Wetter wieder schön, aber der Weg war ganz entsetzlich, auch begleitete mich ein Bäcker bis zur Bettenburg, an der ich durchaus nichts Malerisches fand, sie zwar zeichnete, aber dann über Manau, Üschersdorf, Greßelsgrund u. Marbach nach Altenstein kam, was wieder mein Herz erfreute. Es sind schöne Ruinen, malerisch gelegen. Alles massiv gebaut. Die Türe am Eingang, Brücke, Tor u. be-

Die Bettenburg

sonders die Kapelle mit noch alten Grabsteinen höchst malerisch. Die Aussicht nach allen Seiten weit und reizend. Man sieht den Kreuzberg in weiter Ferne, Berge hinter Coburg u. andre bis Bamberg. Der ganze Baunachsgrund liegt einem zu Füßen. – Die Pfarre liegt der Burg gegenüber auf der höchsten Bergspitze; das Kirchlein darunter arm, aber lieblich. Ich stieg die Hügel hinab durchs Dörfchen, was zum Teil zwischen großen Sandsteinblöcken eingebaut ist. Die Hütten von Obst- und Nußbäumen umgrünt. Schöne Abendwolken zogen langsam am Himmel hin; Kühe weideten am grünen Abhang des Dörfleins, dessen Gipfel die düstere Ruine mit der schönen gotischen Capelle zierte, in den Feldern schnitten die Leute den Weizen. – Es treibt mich gewaltig nach Hause, doch kommen wieder Stunden, wo ich gern verweile, wenn mich nämlich eine liebliche Natur umgibt.«

Über Coburg fährt der aufmerksame Beobachter heim, den in Franken so viel liebliche Natur umgab, der aber auch wach und ohne Beschönigung die Menschen in ihren Städtchen und Landschaften sah. Dem Titel des Buches getreu, hatte er vor allem auf das Malerische und Romantische zu achten, das, einer Mode seiner Zeit entsprechend, deutlich aus den Zeugen der Vergangenheit sprach.

Wilhelm Heinrich Riehl

Ein Gang durchs Taubertal

»Wer das Taubertal mit Vernunft durchwandern will, der muß zwei Reisekarten mitnehmen: eine neue und eine alte aus der Schlußzeit des alten römischen Reichs. Ohne die letztere weiß er gar nicht, auf welchem Grund und Boden er eigentlich steht, und die rasch wechselnde historische Physiognomie der Städte und Dörfer bleibt ihm ein Rätsel. Ein Gang durchs Taubertal ist ein Gang durch die deutsche Geschichte, ist heute noch ein Gang durchs alte Reich, und da man bei der gleichfalls noch altertümlichen Billigkeit der Wirtshäuser mit einer ziemlich leichten Barschaft des Geldbeutels durchkommen kann, so tut man wohl, eine etwas schwerere Barschaft historischer Vorstudien in die Tasche zu stecken.«

Rothenburg

»Die liebliche Gegend hat einen kleinen Wurf, aber die Geschichte des Tals einen großen. Du trittst auf den Felsrücken der alten Burg zu Rothenburg, um einen Blick in das enggewundene obere Taubertal zu gewinnen: der Boden, auf welchem du stehst, gehört der deutschen Kaisergeschichte, hier lag die Feste der Hohenstaufen. Du gehst ins Tal hinab über die Tauberbrücke; sie stammt aus dem 14. Jahrhundert und erinnert an die Verkettung der Geschicke der Stadt mit den Geschicken Kaiser Ludwigs des Bayern. Du wandelst über den Marktplatz von Rothenburg, wo es jetzt so stille geworden: hier belehnte Kaiser Friedrich III. den König Christian I. von Dänemark mit Holstein, Stormarn und Ditmarschen, und unter den Zuschauern befand sich auch ein türkischer Prinz Bajazet. Du betrachtest das neue Rathaus: hier saß Kaiser Karl V. im unteren Erker und nahm die Huldigung der Bürgerschaft entgegen. Er kehrte damals als Sieger über den Schmalkaldischen Bund hier ein, aber das Podagra hielt den Sieger zwölf Tage lang in diesem selben Rathaus gefangen.

An das neue Rathaus stößt rückwärts das alte: es erinnert an die politische und kriegerische Kraft- und Glanzzeit der Reichsstadt im 14. und 15. Jahrhundert und an den größten Rothenburger Bürger, Heinrich Toppler, der kein großer Kaufmann, sondern ein großer Staatsmann und Soldat gewesen und in den geheimen Gefängnissen dieses Hauses verhungert ist.

Gehst du durchs Klingenthor gegen Mergentheim nach Detwang hinab und zweifelst, ob du die breite Landstraße oder den steilen Streckweg links den Berg hinunter wählen sollst, so kannst du dich wohl dem steilen Pfad anvertrauen, denn hier ist

Rothenburg ob der Tauber

Kaiser Ferdinand I. mit seinem ganzen Gefolge heraufgeritten. Selbst in der Bauernsprache der Umgegend soll noch ein Stücklein Reichsgeschichte umgehen: die Bauern sagen ›wenzeln‹ statt schlemmen und faulenzen, und man führt dieses Wort auf den faulen König Wenzel zurück, der sich im Jahr 1387 in Rothenburg aufhielt und in dem Schlößchen im Rosental wenzelte.«

Landschaft gefallener Reichsgrößen

»Inmitten eines regsamen Volks und einer ergiebigen Natur durchschreiten wir an der Tauber die Gebiete von lauter gefallenen Reichsgrößen. Das zeigt uns eben die alte Landkarte schon in den Grenzlinien aus der letzten Reichszeit, die siebenmal den nur dreißig Stunden langen Talgrund kreuzten. Zu oberst das Gebiet der annektierten Reichsstadt (Rothenburg); dann eine ausgestorbene Markgrafschaft (Ansbach) bei Creglingen; ein säkularisiertes Hochstift (Würzburg) bei Röttingen und Lauda; ein mediatisiertes Fürstentum (Hohenlohe) bei Weikersheim; das Land eines aufgehobenen Ritterordens (der Deutschherren) bei Mergentheim und ein ehemaliges halbes Reichsdorf (Althausen); eine weiland unmittelbare Reichsherrschaft (Gamburg); ritterschaftliche Besitzungen (in Archshofen, Edelfingen), verlassene Klöster, ein säkularisiertes geistliches Kurfürstentum (Mainz) bei Bischofsheim und endlich eine mediatisierte Grafschaft (Wertheim) im Mündungsgebiet des Flusses!«

An der Tauber sitzen Franken

»Vergleichen wir die Gegenwart mit jener vergangenen Zeit. Wie ist da alles von Grund auf anders geworden! Alles Land an der Tauber hat neue Herren bekommen: der obere Teil ist neubayerisch, der mittlere (der Taubergrund) neuwürttembergisch, der untere (der Taubergau) neubadisch. Und diese drei Stücke sind lauter

fremdartige kleine Eck- und Grenzzipfel größerer Staaten. Ich sage fremdartig, denn Württemberg und Baden haben sonst gar keinen Anteil am Maingebiet außer durch ihr Stückchen Tauber.
Das ostfränkische Volk des badischen Taubergaues bildet eine ethnographische Exklave im äußersten Nordosten des Großherzogtums Baden, sein natürlicher städtischer Mittelpunkt ist das bayerische Würzburg, nicht Karlsruhe oder Heidelberg. Württemberg besitzt keine rein fränkische Bevölkerung, außer im Taubergrund und in den angrenzenden weiland ansbachischen und hohenlohischen Ämtern. Der Tauberwein ist ein Fremdling unter den altwürttembergischen Nekkarweinen, wie außerdem nur noch der Seewein am südlichsten Gegenpol des Königreichs. Zu Weikersheim und Mergentheim spricht man gut fränkisch in der Bauernstube der Wirtshäuser und gut schwäbisch im Herrenstüble, wo die Beamten sitzen.«

Das Taubertal in seinem Widerspruch

»Es geht bei dem Charakter eines Landstrichs wie bei den Charakteren der Menschen: beide zeichnen sich am schärfsten in einer Reihe von Widersprüchen. Wer aber dem Charakter auf den Grund sieht, der findet doch immer zuletzt, daß diese Widersprüche nur scheinbar sind. Zum weiteren Nachdenken werfe ich ein halbes Dutzend solcher Widersprüche hin, in welchen sich mir der Charakter des Taubergebietes besonders zu spiegeln scheint. – Daniel in seiner Geographie von Deutschland nennt den Taubergrund ›einen Garten Gottes an Fruchtbarkeit und Schöne‹, und das Taubertal ist, wenn man vorwärts schaut, wohlhäbig und aufblühend; aber es ist zugleich arm und zurückgezogen, wenn man rückwärts blickt in seine Geschichte. Und doch ist diese Geschichte, niederdrückend für die Gegenwart, zugleich auch wieder ein stolzer, unzerstörbarer Reichtum des Landes. –
– Das Taubertal ist äußerst belebt und verkehrsreich, dennoch ist es wieder gar stille, einsam und abgelegen; denn sein Verkehr ist fast durchaus Lokalverkehr, es ist der enge, freundnachbarliche Verkehr der Landwirtschaft und des Gewerbes, nicht der weite, weltoffene des Handels und der Industrie.« ...

Der bewanderte Schweinetreiber

»Ein Rothenburger wird nicht oft nach Wertheim reisen, und noch seltener kommt ein Wertheimer hinauf nach Rothenburg. Zwischen Detwang und Creglingen ging ich mit einem jungen Bauernburschen aus der Gegend. Er gehörte nicht gerade zu der bäuerlichen Aristokratie, denn er hatte eben ein Schwein zur Stadt getrieben, allein er kannte das oberste Tal äußerst genau, hatte fein beobachtet und wußte so gut Bescheid in der Geschichte seiner Gegend, daß ich ihm – geradewegs aus Altbayern kommend, wo die Bauern, welche Schweine treiben, etwas weniger historisch gebildet sind – mein Erstaunen darüber nicht verhehlen konnte. Er erzählte mir viel vom Dreißigjährigen Krieg, den er, auf nähere Erkundigung, nur um hundert Jahre zu früh setzte, von der Erstürmung Rothenburgs durch Tilly, von Tetzels Ablaßpredigt, von der deutschherrischen Zeit in Mergentheim, welche man dort die deutschnärrische Zeit nennt, von den Hohenstaufen und ähnlichen Dingen. Er war in Stuttgart und Ludwigsburg bekannt und wußte viel von Honduras und Mexiko und von Amerika überhaupt, nur daß er Mexiko einmal beiläufig mit Algier verwechselte; von der untern Hälfte seines heimatlichen Taubertales dagegen wußte er nichts, und da er gesehen hatte, wie sich bei Mergentheim das Talbecken ausweitet, so behauptete er: der Fluß laufe von dort abwärts durch eine Ebene. Andererseits traf ich in Bischofsheim und Wertheim mit sehr gebildeten Leuten zusammen, welchen ich Rothenburg wie eine ganz fremde Stadt schildern konnte; sie waren niemals droben gewesen.«

Nochmals Rothenburg, das doppelgesichtige

»Die oberste und die unterste Stadt der Tauber haben den höchsten malerischen Ruhm: Rothenburg und Wertheim. Man hat die Lage von Rothenburg mit Jerusalem verglichen und die Lage von Wertheim mit Heidelberg.

Rothenburg zeigt ein höchst verschiedenartiges Doppelgesicht. Von vorn der enge Talgrund des Flusses, felsige Anhöhen, bedeckt mit Weingärten zwischen Gestein und Buschwerk, die Stadt mit ihren vielen Türmen und Mauern, wie eine große Burg die Höhe bekrönend, dazwischen die Felsenzunge des eigentlichen Burgberges, auf welchem jetzt neben der alten Kapelle nur noch mächtige Bäume aufragen statt Bergfried und Palas. Von hinten dagegen sanft ansteigende Ackerflächen, Hopfenstangen statt der Rebenpfähle, und nur noch auf der langen obersten Linie des Hügelrückens Turmspitze an Turmspitze, die in seltsamer Silhouette von dem Goldgrunde des Abendhimmels sich abheben. Vorn Wein, Bergwildnis und Romantik, hinten Bier, Hügelfläche und prosaische Natur.«

»Gar manche deutsche Stadt hat noch alte Mauern und Türme, allein ein so geschlossenes System größtenteils echt mittelalterlicher Festungsanlagen, die der ganzen Stadt das Ansehen einer großen

Burg geben, wird sich selten wiederfinden.«

Ausklang in Wertheim

»Auch heuer, wo der Wein wieder so gut geraten ist, strömte in der zweiten Oktoberwoche eine große Menschenflut das stille Tal der unteren Tauber hinab, aber nicht nach Niklashausen, sondern nach Wertheim zu einem landwirtschaftlichen Feste des ›Taubergaues‹. Das Fest soll äußerst fröhlich und gelungen gewesen sein, und man pries besonders die anmutige und lehrreiche Vorführung der Bodenprodukte und der Betriebsamkeit des Tales auf den malerisch geschmückten Festwagen.

Vom Schicksal vorbestimmt zum nationalökonomischen Romantiker, kam ich auch hier unverschuldet um einen Tag zu spät und sah also nur die Trümmer des Festes. In Dertingen stand ein Festwagen, abgeladen bis auf einen Kranz fruchtbehangener Rebstöcke, welche wie zu einem Weinberg hinaufgepflanzt waren. Neben einem Spruch vom Segen des Fleißes trug er die Aufschrift: ›Gott gibt alles der Betriebsamkeit!‹ Das ist ein Zeichen der Zeit.«

»Aber darin zeigte sich Wertheim im hellsten Licht einer Rhein- oder Main- und Weinstadt, daß ein neues Fest, und zwar ein Fest der Arbeit, die Abspannung des gestrigen Festes niederschlug. Gestern galt es dem Taubertal und heute dem Main. Die besten Wertheimer Weinberge liegen am jenseitigen Mainufer. Und von da drüben schallten jetzt die Freudenschüsse und die Jubelrufe der Winzer. Es war Weinlese. Große Mainschiffe, die bei dem niederen Wasserstand jetzt Ferien hatten, fuhren herüber und hinüber, als seien es kleine Nachen, mit Menschen, Fässern, Butten und Tragkufen bis zum Rande belastet.

Das bunteste wimmelnde Leben entfaltete sich abends auf der Tauber. Sonst nicht schiffbar, bildet sie bei der Mündung einen Hafen für die Mainschiffe. Und gera-

Wertheim

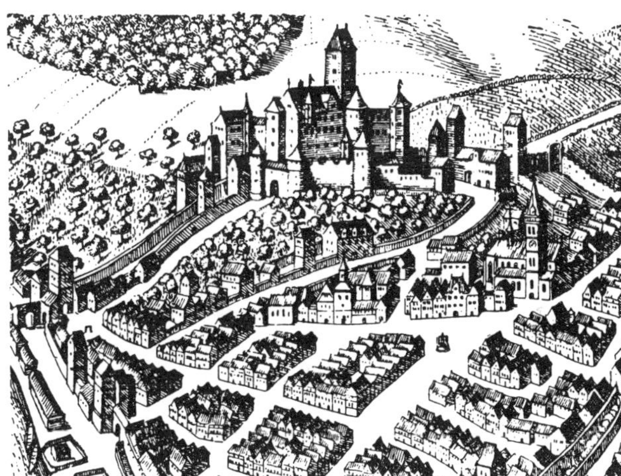

de dieser Mündungswinkel ist so wunderschön! Die schwarze überdachte Holzbrücke der Tauber im Vordergrund, die Taubervorstadt mit ihrer neuen Kirche zur Rechten, die Mainstadt mit den Hafentürmen, mit ihrer alten gotischen Kirche und den großartigen Trümmern des Bergschlosses in der Mitte, die jenseitige Vorstadt Kreuzwertheim zur Linken – das alles ergibt ein Gesamtbild von solcher Fülle und Pracht des malerischen Aufbaues, daß man es wohl, wie schon viele getan, mit Heidelberg vergleichen darf.

Der letzte Eindruck war reiches, frohes Arbeitsleben inmitten einer ewig jugendschönen Natur und alter Denkmale und Trümmer versunkener Menschengeschlechter. Westwärts, wo der Main zum Rheine zieht, verglüht die Sonne, und nach einem Gang von der Frankenhöhe durchs Taubertal herab ist Wertheim bereits eine Weissagung auf den Rhein.«

Theodor Heuss

Wanderungen im Fränkischen

»Die Gegend zwischen dem unteren Neckar und dem ehemals hohenzollerischen Ansbacher Land ist voll zerrissener Geschichte, die nur einmal, im großen Bauernkrieg, zu einem einheitlichen Atem zusammenkam. Damals schien das Eigenleben der Reichsstädte und Grafschaften, der Rittersitze und Abteien, der Ordenskomtureien und gefürsteten Propsteien ausgelöscht, und eine gewalttätige politische Einheit wollte sich gerade aus dieser vielregierten Landschaft herausquälen, bis aus dem schwäbischen Raum und vom Rhein her der Schlag kam, unter dem der rauhe und ungeformte Wille gänzlich zusammenbrach.

Heute, da der Schritt unvermerkt immerzu über alte Hoheitsgrenzen hinweg weggeht, steckt dieses Land voll von köstlichen Dingen der Kleinstaatgeschichte, die je und je ihr eigentümliches Bild im lebhaften Kontrast heraus schuf. In manchen Strichen des Hessischen mag es ähnlich sein, nur sind die Formen hier im Frankenland überall reicher und entwickelter. Was umschreibt den Begriff Reichsstadt eindringlicher als Rothenburg oder Hall, was gibt heute noch einen ähnlichen

Nachklang von geistlicher Selbstherrschaft (die nun gänzlich säkularisiert und entwichen ist) wie Mergentheim und Ellwangen, wo herrscht mit ähnlich großem Zug in evangelisches Land hinein der stolze und herrische Prunk eines reichen Klosters oder Stiftes wie auf der Comburg oder in dem Schöntal des Balthasar Neumann.«

Die kleinen Residenzen

»Und weithin gestreut über den ganzen Bezirk die Unzahl der kleinen Residenzen, die alle irgendwie mit der zahllos gespaltenen Familie der Hohenlohe zusammenhängen: Waldenburg, Öhringen, Neuenstein, Ingelfingen, Langenburg, Bartenstein, Weikersheim, Kirchberg – verwahrloste Wehrhaftigkeit hier, verträumte oder verwilderte Rokokoidylle dort, breitspurig geschmückte Renaissance, umwuchert von köstlich frischen Barockstücken, umstelzt von pedantischem Serenissimus-Empire – die seltsamsten fürstlichen Hinterweltgeschichten stehen am Wege, und in den Nestern, wo heute kein Serenissimus vorhanden, kann man in den Schlössern anmutige und fabelhafte Anekdoten herausstöbern.

Die ganze Gegend liegt noch so ein wenig nebendraußen, und das macht sie einstweilen noch so erholsam, nahrhaft und behaglich; ihr landschaftlicher Charakter, ohne sehr starke Akzente, wird durch ein paar in die wellige Ebene scharf eingeschnittene Flußläufe bestimmt, Waldstükke stehen in gut bebautem, fruchtbarem Ackerland, an den Rändern im Westen und Nordosten, der Tauber zu, hat der Weinbau sich noch angeklammert. Der Menschenschlag ist gescheit, lebhaft, aufgeweckt, etwas rechthaberisch und selbstbewußt.«

Dinkelsbühl

»Die Gegend hat eine leise Wehmut. Wald wechselt mit Ackerland, wenig Dörfer, ein paar Höfe und alte Mühlen, ganz glatte graue Seen liegen verstreut, in denen sich rasche Taucher tummeln. Die Bauern kommen zum Kirchgang. In behaglichen Stunden windet sich das Sträßlein auf und nieder – dann, von einem Höhenzug, blickt man überraschend auf das nahe Dinkelsbühl, das in einer weiten braunen Ebene liegt.

Die Stadt ist von unendlichem Reiz. Sie streitet sich mit Rothenburg um den Preis der Schönheit, man kann die beiden aber nur schlecht vergleichen, denn, Gewächse derselben Zeit und Gesinnung, sind sie durch die Natur Gegensätze geworden. Die Tauberstadt ist beherrschende Bergfestung, und dadurch hat nicht nur ihre

Silhouette jene unvergeßliche Großartigkeit erhalten, auch im gedrängten Bau der Innenstadt sind die dramatischen Momente, wenn man so sagen darf, stärker herausgebildet, die Kirchen sind in der Ausstattung reicher, das Holzfachwerk nicht mit Mörtel überschmiert – aber Dinkelsbühl ist der vollkommene Typ der Stadtbefestigung der Ebene –, die Straßen sind breiter gestaltet, der tiefe Wassergraben umzieht die ganze Stadt, und ungebrochen in köstlicher Folge der Perspektive stehen noch die zahllosen Türme, an deren Fuß sich jetzt ein idyllisches Kleingartenleben angesiedelt hat.«

St. Georg in Dinkelsbühl

»Die Anlage der Stadt mit ihren drei großen Straßenzügen, die von den stolzen Toren zum Markt herkommen, ist frei und klar; wo sie sich begegnen, wuchtet die ungeheure Masse von St. Georg empor. Der Baugedanke der Hallenkirche ist nirgends so vollkommen zur Entwicklung gebracht: das Äußere fast schmucklos, ohne Gliederung, das romanische Westtor die einzige Anekdote der Geschichte, ein ungeheuer drückendes dunkles Dach, das wie eine Last auf den Streben steht, die starke gleiche Vertikalen bilden; tritt man aber durch die Pforte, so verwandelt sich die gehaltene Schwere in befreite Bewegung. Alles steigt mit ungehemmter Linie zur Höhe. Kein Turmunterbau, kein Choransatz – ein ungeteilter dreischiffiger Raum in hellstem Licht, die Dienste steigen zu den glatten Pfeilern ohne Kämpfer in das weite Netz der Wölbung: Das ist die süddeutsche Gotik des ausgehenden 15. Jahrhunderts, die aus Leidenschaft zur kräftigsten Klarheit kam und noch nicht von der geistigen Unruhe der neuen Zeit angefressen wurde.

Ergriffen tritt man aus dieser gehaltenen und doch frohen Feierlichkeit wieder in das Tagwerk der belebten Gasse. Die Romantik des Stadtbildes war vor dem gewaltigen Eindruck schier zur Vergessenheit versunken. Aber während der wenig eilige Zug der Kleinbahn uns noch einmal an den Stadtmauern vorbeiträgt, schließt sich die verlorene Idylle unter der großen Linie des Kirchenumrisses wieder zusammen, und durch unser Gedächtnis zuckte jene klassische Ortsbezeichnung, mit der Johann Peter Hebel eine seiner schönen Kalendergeschichten einleitet: ›Drei Meilen hinter Dinkelsbühl . . .‹«

Wie die Franken sich selber sehen

Hans Max von Aufseß

In Franken fangen sich die Winde

»Eine Reise durch Europa ist ein geistiges Abenteuer und so aufregend wie die mehrseitige Speisekarte in einem Schlemmerlokal. Man weiß vor lauter Mannigfaltigkeit nicht, wo anfangen.
Vielgliedrig, buchtenreich zwischen südlichen und nördlichen Meeren, durchfurcht von Gebirgszügen, launisch durchblasen von allen Winden, sich weitend in fruchtbaren Tälern und sich verschließend in stundenweiten Wälderbarren hat die europäische Halbinsel wie nirgendwo anders auf Erden eine Fülle von Kulturen, Stilen, Sprachen und Lebens- und Denkungsarten hervorgebracht.
Da sind die Deutschen, die alles ein bißchen zu ernst und von der Sache her auffassen, und da die Italiener, die das Leben heiter und vom Menschen her sehen, und dort sind die Franzosen, die ihr Denken vom hellstbeschienenen Ort des Tagesbewußtseins formen, und wieder die Engländer, die in der Reserve zu den Kräften des Instinktes zurückfinden. Da dräuen im Osten staatlich lenkbare Massen, deren Funktionäre gläubiger in der Art ihres materialistischen Messianismus sind als die Regierenden des betont christlichen Westens. Da gibt es das ewig geteilte und unterdrückte Polen, das wie ein Knetteig auf dem flachen Brett der östlichen Ebenen von seinen starken Nachbarn in jeder Generation in neuer Gestalt herausgewalkt und wieder verzehrt wird, und wieder gibt es die durch hohe Bergketten und nicht minder unübersteigbare Mauern alemannischer Rechtschaffenheit umhegte Schweiz, die wie der Innenhof eines konservativen Bürgerhauses ein wenig stickig anmutet, aber zum Geld-, Schmuck- und Kunsttresor unseres beräuberten Kontinents geworden ist. Und weiter gibt es wie ein halbversunkenes Schiffswrack am Meeresstrand das kleine Holland, das ein frischgewaschenes, stämmiges Völkchen vor dem Anstürmen vom Land mit den vielen Wassern und vor den Stürmen des Meeres mit mühsam aufge-

häuften Erddämmen in seinem Eigenleben bewahrt hat. Des Aufzählens ist kein Ende.
In der genauen Mitte dieses verwirrenden Völkermarktes, dieses irisierenden Spektrums von Landschaften und Felderkulturen und Städteansammlungen, inmitten dieser Schlemmerküche von Geschmäkkern und Düften, genau in der Mitte zwischen Paris und Wien, genau zwischen Madrid und Moskau und gleich weit von London, Rom und Warschau, gleich weit von Mittelmeer, Adria und Nordsee, Ostsee, in der genauen Mitte sage ich – und ich habe es nachgemessen –, liegt nicht Herzstück, nicht Nabe, nicht Drehscheibe des Ganzen, nicht einmal Hauptknotenpunkt oder Zentralflughafen, sondern unser unbekanntes liebes Franken. Den Mittelpunkt, den ihm der Zirkel errechnet, hat es nicht einmal in sich selbst gefunden. Es hat nie eine repräsentative Hauptstadt besessen. Seine Geschichte rechnet nicht nach einem Max I., II. usw. und nicht nach einem Ludwig XIV., XV., XVI. Seine Geschichte ist mit dem Tod der Frankenkaiser und dem Zerfallen des fränkischen Königsherzogtums in unzählige territoriale Sonderbildungen eine vielschichtige, kleinschachtelige, mehrgesichtige, und so sind auch seine Menschen und Landschaften. Franken ist wie eine Senkgrube, in die tektonisch und völkermäßig alles Umliegende vielfach eingeströmt ist und sich dort aufeinandergeschichtet, gemengt und herausgebildet hat.
Im Zentrum Europas ohne Mitte liegt als sein waschechtes Kind das Frankenland ohne Mitte. Es hat von allem etwas. Letzte Ausläufer von allen Richtungen haben sich hier gebrochen und in letztem Auffang, oft in letzter Vollendung vermischt mit fränkischer Art und Bodenständigkeit wunderbar niedergeschlagen. – Franken ist der weit offene Innenhof Europas, in dem sich alle Winde fangen.
Reden wir wie bei aller Vorstellerei doch gleich vom Wetter: Es ist der Westen, der hier am Main mit einer großen Zunge weit nach Osten leckt und unter seinem milden, feuchten Atem ein Wein-, Obst- und Gartenland ersprießen läßt.
Kommt einer vom Süden in das Maintal gereist, dann kommt er doch nicht in ein nördliches, sondern in ein westliches Land. Das Licht ist schwellend und feucht. Das Maintal trinkt wie nur noch in Frankreich unstillbar das Wasser des Himmels und verdunstet es wieder. Alles ist überzogen mit einer Lasur von zerstäubtem Glanz und durchsilbertem Äther. Die Tonigkeitswonne, die die großen französischen Maler erweckte, die setzt das Maintal fort und mischt deutsche Spiritualität und gemütvolle Wunderlichkeit mit seinen steilgiebeligen Stadt- und Dörfersilhouetten hinein. Im Maintal fängt sich noch einmal der Zauber des

Bamberg. Alte Hofhaltung

Westens in einem gesteigerten Linienkult. Schauen Sie sich das Concordiaschlößchen in Bamberg an. Es könnte an der Oise statt an der Regnitz stehen. Eleganz, Finesse, Nuance des Wohlgeschmacks selbstgefällig im Wasser sich spiegelnd, das hat sich vom Westen so weit nach Franken niedergeschlagen. La France sa douceur, Franken seine Erdigkeit! Schmecken Sie Frankens Weine, dann haben Sie beides auf der Zunge. Welch wunderbarer Einfluß – influence – einen Flußlauf hinauf.

Aber die Fenster auf, es wehen auch die südlichen Winde in das Frankenland hinein. Wenn der Föhn mit südlichem Temperament sein mediterranes Azurblau über die Alpen wirft, dann, an seinen großen Tagen, flattert er mit weißen Zirruswolken über den bayerischen Donaubreitengrad bis ins Altmühlfranken hinauf und noch weiter. Eichstätt, südlichstes Franken, ist auf eine besondere Art italienisch. Die Häuser bekommen glatte welsche Stirnen. Die grellbunten Fassadenmauern sind hochgezogen und verbergen

schamhaft das nordische Wettergrabendach. Das Nürnberger Rathaus, gerade wieder erstanden aus den Trümmern, borgt sich so viel florentinischen Geist aus, daß die engbrüstigen, balkigen Bier- und Bratwurstherzstüberln darum sich verschreckt die Taschen zuhalten.
Die Winde aus dem Norden bringen mit dem kühleren Hauch den Geist der Nüchternheit, Strenge und Ordnung, ein wenig gebrochen durch die schützenden Mittelgebirge, in die Familien- und Sandbödenverwandtschaft der Hohenzollernstädte Bayreuth, Erlangen und Ansbach. Fahle Kiefernwälder erinnern an Pommern und die Mark. Siemens Berlin, in preußischem Geist aufgebaut und geführt, erklärt Erlangen zur Wahlheimat.
Vom Osten endlich pfeift über das Fichtelgebirge und die Nordostecke, das bayerische Sibirien, der harte und sterile Böhmerwind in das reiche Kulturland Franken herein, daß Land und Städte am östlichen Rand, wie von Spätfrösten abgefroren, karg und ohne blühende Schönheit daliegen.«

Thomas Dehler

Lob auf Franken
Ein Bekenntnis

»Ich bin viel herumgekommen im deutschen Lande und im Auslande und oft befragt worden nach Nam' und Art! Immer habe ich mich als Franke bekannt, doch nicht als Bayer oder gar Nordbayer. Das ist wahrlich kein Protest gegen den ›Freistaat Bayern‹ oder das Land Bayern oder gar der Ausdruck eines revolutionären Willens, der geschichtliche Entwicklungen rückgängig machen möchte; es gibt keine fränkische Irredenta, noch weniger einen fränkischen Separatismus. Vielleicht darf ich es so sagen: Mit dem Verstande gehöre ich zu Bayern, aber mit dem Herzen bin ich Franke, liebe ich meine Heimat vor allem, je älter ich werde, desto mehr.«
»Was uns not tut, das ist das klare, sichere Selbstverständnis der Franken. Wir, die wir Franken im Herzen tragen, müssen auch dafür zeugen. Es tut wehe, zu erfahren, daß es an diesem Willen fehlt, so wenn Trachtenvereine in Franken sich mit der Krachledernen und dem Gamsbart schmücken und schuhplatteln, statt die wunderschönen buntfarbigen fränkischen Trachten, die Sonntagskleider der Bauern und Gärtner, oder gar die Prozessionstrachten mit den hohen Goldkronen der

Frauen aus Effeltrich, aus Kersbach, aus Baiersdorf, aus Gochsheim, aus dem Ochsenfurter Gau zu pflegen.«

Lichtenfels

»Es gibt bewegte Stunden, in denen die Eindrücke, die Erfahrungen, die Erkenntnisse des Lebens wie in einem Hohlspiegel gesammelt in unser Bewußtsein gehoben werden. Im Jahre 1947 verlieh mir der Rat meiner Vaterstadt Lichtenfels – Sie wissen, alle Gnade ist unverdient – das Ehrenbürgerrecht. Wir hatten uns in dem Saale des Rathauses – es waren gerade 200 Jahre her, daß der breitgestreckte Bau mit seinen noblen Maßen von Julius Heinrich Dientzenhofer im Auftrag des Fürstbischofs Friedrich Karl von Schönborn geplant worden war – zu einer Feierstunde versammelt. Mein Vater hatte in diesem Raume als Bevollmächtigter des Gemeindekollegiums das Schicksal der Stadt mitberaten; mein Großvater und mein Urgroßvater hatten hier durch Jahrzehnte als Magistratsräte, Verwandte als Bürgermeister gewirkt. Mein Blick ging durchs Fenster hinüber in die Stube meines spitzgiebeligen Vaterhauses, in der ich auf den Tag fünfzig Jahre vorher geboren worden war, er schweifte hinaus auf den Marktplatz, der mit seinen schlichten und doch eigenwilligen Bürgerhäusern hinaufschwingt zum Stadtturm und zum Hang des Burgberges – er war der geborgene Spielplatz meiner Jugend, auf ihm bin ich dem Leben der Kleinstadt in allen seinen Formen begegnet, den bunten und bewegten Märkten der urwüchsigen Bäuerinnen und Gärtnerinnen, den Wagen der Korbmacher, hochbeladen mit den aus Weide und Rohr geflochtenen Wunderwerken, den festlichen Aufmärschen der Vereine, der Freiwilligen Feuerwehr in der Übung und in der Not des Brandes.«

Vierzehnheiligen, Banz, Gößweinstein

»Das warme Gefühl der Verbundenheit mit dieser Stadt (Lichtenfels) und ihren Menschen und ihrer Landschaft, mit der fränkischen Heimat, erfüllte mich. Die Fülle der Bilder, in denen ich von hier aus in der Folge der Jahrzehnte in immer weiterem Kreise Franken in seiner Mannigfaltigkeit, in den vielen Schichten seiner Kultur, in seinen unerschöpflichen Schönheiten kennengelernt habe, drängten sich mir in den Sinn, führten ihn hinaus in das Maintal, in den ›weiten Gottesgarten‹ zwischen dem waldreichen Keuperland im Norden und dem Steilabfall der Fränkischen Alb im Süden – hier leuchtet das ›Lächeln Gottes über dem Main‹, Vierzehnheiligen, die festlichste – vielleicht die letzte – in der Reihe der großen europäischen Kathedralen, das vollendete Werk Balthasar Neumanns, in deren beschwingten Heiterkeit sich alle irdische Bedrängnis löst –.

Wie oft und wie gerne bin ich hinaufgegangen, meist dann noch weiter zum Staffelberg, dem kühnen Juravorstoß ins Maintal, gleich einem Schiffsbug – ein langer Rücken mit Sattel – so wie das Walberla bei Kirchehrenbach –, sagenumwittert, eine Keltenburg, das Menosgada auf der Karte des Ptolemäus – weit schweift der Blick von der Höhe bis zum Grabfeldgau. Gegenüber, auf der Südseite der ›stromdurchglänzten Au‹, das frühere Benediktinerkloster Banz, von Leonhard

Kloster Banz und Lichtenfels

Dientzenhofer begonnen, die Kirche von dem begabtesten seiner sechs Söhne, Johann, gebaut – als Knabe fühlte ich mich in dem aus der Kurve geformten, wie zu einer Höhle geschlossenen, düsteren Raum der Kirche gefangen und geängstigt. –
Die Lichtenfelser wallfahren – es ist ein altes Gelübde – Jahr für Jahr nach Gößweinstein, hinein in die fränkische Jura-Alb – ich begreife nicht, daß man sie ›Fränkische Schweiz‹ nennt – mit ihren tief eingeschnittenen Tälern und ihren burgenreichen Höhen, von Ludwig Richter vielfach mit dem Zeichenstift festgehalten, zu der Dientzenhofer-Neumann-Kirche mit ihrer lichten Klarheit; auf der Höhe liegt die Gößweinsteiner Burg, so wie wir uns die Gralsburg träumten.«

Kronach, Coburg, Kulmbach, Bayreuth

»Unsere östliche Nachbarstadt ist Kronach, eng verbunden mit uns in der wechselreichen Geschichte des Hochstiftes Bamberg mit unserem Schicksal, ein fränkisches Kleinod, die Heimat des großen Lukas Cranach, reich bewegt in vielfach gestuftem Aufbau bis hinauf zu der großartigen Festungsanlage der Rosenburg.
Ein Franken anderer Art war für mich unsere nördliche Nachbarstadt Coburg, fränkisch in allem, besonders seine Veste, die ›fränkische Krone‹ und doch so anders als mein bürgerliches, katholisches Heimatstädtchen: evangelisch bestimmt, mit lebendiger Erinnerung an Luther und seine Zeit auf der Veste, eine höfische Residenz, die Herzogsfamilie, verbunden fast mit allen regierenden Familien Europas, ein glanzvolles Hoftheater, dem ich die ersten unvergeßlichen Theatereindrücke verdanke; Coburg mit seinen freiheitlichen nationalen Erinnerungen, die Stadt Herzog Ernst I., der den Deutschen Sängern, den Deutschen Schützen, den Deutschen Turnern Heimstatt gab, dieses Coburg war für mich ein gesteigertes, ein verfeinertes Franken. In dieses Erlebnis fügten sich die Markgrafenstädte: Kulmbach mit der mächtigen, spätmittelalterlichen Plassenburg, ihrem einzigartigen ›Schönen Hof‹, dem Renaissance-Turnierhof; und dann Bayreuth mit seinen markgräflichen Bauten, mit den Erinnerungen an Wilhelmine, die Schwester Friedrichs des Großen, dem Alten Schloß, dem Neuen Schloß, dem Wunder des Markgräflichen Barock-Opernhauses, der Eremitage, dem Festspielhügel Richard Wagners.
Wollte ich so fortfahren, des Schwärmens wäre kein Ende. Was mir am Herzen liegt, ist der Wunsch, deutlich zu machen, daß ich schon als Knabe Franken in seiner Vielfalt in mich aufgenommen habe, wie

Kulmbach

das Wesen der fränkischen Heimat mich gleich vielen anderen fürs Leben bestimmt hat.«

Nürnberg

»Das, was Frankens eigentliches Wesen ausmacht, stellt sich mir am stärksten in dem alten unversehrten Nürnberg dar, das viel mehr war als das ›Schatzkästlein des Heiligen Römischen Reiches‹, mit der Burg, mit St. Sebald, St. Lorenz und der Marienkirche, das immer noch den Geist der Freien Reichsstadt, den Geist des Humanismus atmete, eine lebensvolle, schöpferische Stadt, die heimliche Hauptstadt Frankens; gleich ihr die anderen alten Freien Reichsstädte: Rothenburg und Windsheim und Weißenburg und Dinkelsbühl, mainaufwärts Schweinfurt; mit jedem Namen verbinden sich wechselvolle Geschichte und große künstlerische Gestaltung; zwischen ihnen eine Fülle von Städten mit eigenem Gesicht: Lauf, Hersbruck, Schwabach, Heilsbronn, Ellingen, um nur einige zu nennen. Am Ende noch zwei fränkische Gegenstücke: im Westen Ansbach, die Markgrafenstadt, reich an Gebäuden der Residenz und der Bürger, und im Süden die ehemalige fürstbischöfliche Residenz Eichstätt mit ihrer Domstadt und ihrer Bürgerstadt, mit einem Hauch italienischen Geistes.«

Würzburg

»Als Soldat im Ersten Weltkrieg und dann als Student, in den Jahren größter Aufgeschlossenheit, erlebte ich Würzburg, die Stadt voller Grazie; die uralte Steinbrükke, St. Burkard, der Marienberg, der hochromanische Dom, das alte Neumünster mit dem Wunder einer Barockfassade, das Käppele, das Stift Haug, die Schönborn-Residenz – das Treppenhaus, die Hofkirche, der Hofgarten, das alles hat – so meine ich – nicht seinesgleichen in Deutschland. Nicht vergessen sei das Weinhaus ›Zum Stachel‹, in dem mir, dem Brauerssohn, das Glück des Frankenweins aufging. In Würzburg habe ich die Weite und den Reichtum Frankens am tiefsten erfaßt. Dort bin ich bewußter Franke geworden.

Zu Würzburg gehören Zell, Veitshöchheim, Werneck, Brendlorenzen, Karlstadt, Gaibach, Dettelbach, Wiesentheid, Kitzingen, Etwashausen, Randersacker, Iphofen, Marktbreit, Ochsenfurt, Miltenberg, Amorbach, Mespelbrunn, Aschaffenburg mit dem Schloß Johannisberg. Jeder Name birgt die Erinnerung an ein Stück unverwechselbarer fränkischer Herrlichkeit: Kirchen, Klöster, Rathäuser, vom einfachen Giebelhaus bis zum Prunkbau, Bürgerhäuser jeder Art, Gasthäuser mit ihren Auslagen, den Wirtshausschildern, all diese Häuser mit hohen, bewegten Dächern.«

Das Herzstück Deutschlands

»So habe ich mich in Franken hineingelebt. Diese Bilder huschten mir in jenen Stunden im Lichtenfelser Rathaussaal durch den Sinn und erfüllten mich gesteigert mit Freude über die mir zuteil gewordene Ehre, mit Stolz darauf, ein Sohn des fränkischen Landes zu sein, das so vielschichtig ist wie die Stufen der Gesteine der Erdenzeit in seinem Boden, dieses Landes, das viele und vielartige Brennpunkte hatte und bewahren sollte, dieses Landes, in dem sich von Stadt zu Stadt und von Dorf zu Dorf Sprache und Lebensart wandeln, in dem aber alle Gegensätze und Spannungen zu einer Einheit

zusammenklingen, die Franken zum Herzstück Deutschlands gemacht hat, so wie Deutschland das Herzstück des wahren, ewigen Europas war und wieder sein soll. Franken ist niemals trennende Grenzscheide, sondern immer verbindende Klammer gewesen. Es hat seine geistigen Kraftströme nach allen Seiten fließen lassen, so wie seine Flüsse: die Saale nach Norden, die Eger nach dem Osten, die Naab nach dem Süden, der Main nach dem Westen fließen. Franken war und muß wieder werden die Nahtstelle des Reiches. Wir wollen nicht vergessen: Von Franken aus sind im frühen und hohen Mittelalter Sachsen, Schlesien, das deutsche Sudetenland, die östlichen Striche Niederösterreichs, die vielen deutschen Kolonialinseln im östlichen Mitteleuropa besiedelt und geistig und kulturell befruchtet worden.
Franken als Inbegriff Deutschlands, als der Boden seines geschichtlichen Lebens: Das Schauspiel Goethes ›Götz von Berlichingen mit der Eisernen Hand‹ beginnt: Erster Akt, Schwarzenberg in Franken, und ›Weißlingen, Adelheid von Wolldorf und Liebetraut agieren am Hof des Bischofs von Bamberg‹. ›Die Räuber‹ von Friedrich Schiller: Erster Akt, erste Szene: ›Franken, Saal im Moor'schen Schloß‹. Wo sollte es sonst sein? In Franken treffen sich Karl von Moor, der Edle, der Revolutionierende, und Franz von Moor, die Kanaille –.«

Friedrich Rückert

Deutschland in Europas Mitte

»Deutschland in Europas Mitte,
Und in Deutschlands Mitte Franken,
In des schönen Frankenlandes
Mitte liegt ein schöner Grund.

In des schönen Grundes Mitte
Liegt ein schöner, schöner Garten;
In des schönen Gartens Mitte
Liegt der Allerschönsten Haus.

Fragt ihr noch, warum ich immer
Mich um dieses Häuschen drehe,
Als um meines Vaterlandes
Allerschönsten Mittelpunkt?«

Die Weiße Frau der Hohenzollern

Auf Burg Lauenstein bei Ludwigstadt, heute hart an der Grenze zu Thüringen gelegen, lebte einst die Gräfin Katharina Elisabeth von Orlamünde, jung verwitwet, die sich sterblich in den Burggrafen von Nürnberg, in Albrecht den Schönen von Hohenzollern verliebt hatte. Obwohl ihm die hübsche und stolze Witwe gefiel, zögerte Albrecht, sich vor aller Welt zu ihr zu bekennen. Inständig befragt, was ihn zaudern lasse, meinte er, »zwei Augenpaare« stünden ihrer Verbindung noch entgegen. Da ließ die Gräfin ihren beiden Kindern die Augen ausstechen, um das Ehehindernis zu beseitigen. Vergeblich, denn der schöne Albrecht hatte nicht ihre Kinder, sondern seine Eltern gemeint, deren Tod er abwarten wollte.

Seitdem muß die Gräfin von Orlamünde nicht nur als »Weiße Frau« in der Geisterstunde barfuß büßend um die Mauern und durch die Säle von Lauenstein geistern, sie begleitete die Hohenzollern bis 1918 auch in alle ihre Schlösser. Besonders anhänglich war sie dem Berliner Schloß, wo sie regelmäßig zum Entsetzen der Beamten und Dienerschaft Todesfälle in der Familie der Hohenzollern ankündigte.

Wo der Teufel und seine Großmutter begraben liegen

Ausgerechnet in der Kirche der Zisterzienserabtei Ebrach mitten im Steigerwald habe der Teufel samt seiner Großmutter sein Grab erhalten, so hört man erzählen. Kern dieses Märleins ist die Tatsache, daß an der Westwand des südlichen Querschiffes Grabtafeln für Konrad († 1348) und für seine Mutter Mathilde († 1330) aus der Würzburger Patrizierfamilie von Teufel (de Diabolo) eingelassen sind, die sich als Stifter sehr verdient um Ebrach gemacht hatten, nachdem Konrad als Konverse eingetreten war.

Seine älteren Brüder Rüdiger und Wolfram (Wolfelin) traten als Zustifter des 1319 gegründeten Würzburger Bürgerspitals zum Heiligen Geist auf und schenkten ihm ihre Grundstücke in Würzburg und das Dorf Laub bei Gerolzhofen. Alle drei Brüder dotierten auch das Kitzinger Bürgerspital. Dort sind sie mit dem Baumeister in einem Relief abgebildet, das jetzt in der Spitalkapelle in die Mauer eingelassen ist.

Pontius Pilatus stammt aus Forchheim

Nach Forchheimer Überlieferung, die sich auf eine Klosterchronik aus dem 14. Jahrhundert stützt, sei jener römische Prokonsul Pontius Pilatus, der den Herrn kreuzigen ließ, zu Seiten zwei Straßenräuber, an der Wiesent geboren. Sein Name sei einfach zu erklären, habe doch seine Mutter Pila, sein Vater Ato geheißen. Damit das nicht vergessen werde, wurde in die Festungsmauer der Gedenkspruch eingemeißelt:
»Vorchemii natus est Pontius ille Pilatus, Teutonicae gentis, crucificor omnipotentis.«
(In Forchheim wurde jener Pontius Pilatus geboren, deutschen Stammes, der den Allmächtigen kreuzigen ließ.)

»Parsifal« kommt aus Ebermannstadt

Dieser Parsifal ist nicht der Sohn des Gahmuret, Prinzen von Anjou, und der Königin Herzeloyde, den Chretien de Troyes und nach ihm Wolfram von Eschenbach zunächst in der Waldeinsamkeit weltabgeschnürt aufwachsen lassen. Es ist ein Blauschimmelkäse, in der Milchversorgung Ebermannstadt zubereitet, der seit 1968 den Roquefort in Paris zu verdrängen versucht. Gemeinsam mit dem Roquefort hat er den Schimmelpilz Penicillium Roqueforti, der für den pikanten Geschmack und die blaue Äderung sorgt, doch entsteht er in Roquefort auf schimmeligen Brotkrusten, in Ebermannstadt jedoch im Labor, bei gleicher Qualität übrigens. Während sich »Roquefort« nur nennen darf, was in den Höhlen dort herangereift ist, mußte für den Blauschimmelkäse aus dem Molkereikeller ein anderer Name gefunden werden, was Josef Mayer oblag, der in Aurillac die Bereitung französischen Käses erlernt hatte. Da der deutsche Markenname für seinen Käse, »Paladin«, in Frankreich schon vergeben war, verfiel er, typisch fränkisch, auf einen noch klangvolleren, für die Wagnerfans unter den Gourmets attraktiveren: Parsifal.

Die Heimat der »Schönen Melusine«

Der Sage nach war die mächtige Eulschirbenmühle an der unteren Tauber die Heimat der Schönen Melusine. Entdeckt hatte sie der Ritter von der Gamburg, als er nach der Jagd einmal in der Eulschirbenmühle einkehrte und ein besonders schönes Mädchen dort arbeiten sah. Der Müller, nach seiner neuen Magd befragt, lobte sie in höchsten Tönen, sie schaffe

fleißig, habe aber zur Bedingung gestellt, vom Donnerstagabend bis zum Samstagmorgen nicht dienen zu müssen. Wo sie da bleibe, das kümmere ihn nicht.
Der Ritter, voll brennender Neugier, beobachtete an einem Donnerstagabend die Mühle, sah die Magd zur Tauber gehen, sich entkleiden und in den Fluß stürzen. Da wußte er, daß sie eine Nixe war. Er zog ihre Kleider aus einer hohlen Weide und hatte sie damit in seiner Gewalt. Am Samstagmorgen, als sie aus der Tauber stieg, stand er mit ihren Kleidern am Ufer, erfuhr ihren Namen und nahm sie als seine Dienerin und Geliebte mit.
Da sie aber den Freitag über im Wasser leben mußte, so baute der Ritter mit Hilfe der Wassergeister der Schönen Melusine ein Haus nahe der Eulschirbenmühle, dessen Kellertreppe stracks in die Tauber führte. Als der Müller nun von dort Stimmen, Gelächter und Saitenspiel hörte, aber nur den Ritter ein- und ausgehen sah, da schlich er sich eines Abends ans neue Haus und sah seine frühere Magd an der Seite des Ritters sitzen. Jetzt konnte er sich das wöchentliche Verschwinden des Mädchens und den gar schnellen Hausbau zusammenreimen. Er eilte zum nahen Kloster Bronnbach und erzählte dem Abt vom Treiben der Nixe. Der gab ihm einen Zettel mit bannenden Sätzen mit, verschlossen mit geweihtem Wachs. Den solle er auf die Kellerstufen legen, ehe das Wasserweib am Samstagfrüh aus der Tauber steige. Der Müller tat wie geheißen, hörte großes Wehklagen im Haus und einen dumpfen Fall ins Wasser.
Seitdem hat keiner mehr die Schöne Melusine an der Tauber wiedergesehen.

Karl der Große besucht alljährlich Karlburg

In jeder Walpurgisnacht, der Nacht zum ersten Mai, kommt Karl der Große mit seinem Gefolge auf dem Main dahergefahren, landet am Fuß der Karlburg gegenüber Karlstadt am Main und reitet den Berg hinauf auf sein festes Bergschloß, das zur Geisterstunde in alter Gestalt mit Bergfried, Toren, Erkern und Zinnen aus den Trümmern gestiegen ist. Prunkhaft ist der Zug, der den Hang emporreitet, hell erleuchtet der Saal des Palas, in dem der Kaiser zu Gericht sitzt über seine Vasallen, seine Getreuen aber aus dem Schatz der Karolinger belohnt, den er einst in den Gewölben der Karlburg verwahrt hatte. Bevor noch der Hahn kräht, legt das Schiff ab, versinkt die Burg wieder in ihren trümmerhaften Zustand.

Karl IV. läßt die »Männlein« laufen

Ein später Nachfolger Karls des Großen, Karl IV. aus dem Hause Luxemburg, zeichnete Nürnberg vor allen Reichsstädten aus. In der Goldenen Bulle, einem 1356 angenommenen Grundgesetz des Reiches, bestimmte er, daß jeder gewählte deutsche König seinen ersten Reichstag in Nürnberg zu halten habe. In der gleichen Goldenen Bulle wurde auch die Siebenzahl der Kurfürsten festgelegt, dazu die Unteilbarkeit der Kurlande und das strenge Erstgeburtsrecht. Wie erstaunt mögen die Nachfolger dieser vor einer Wahl so wichtigen Siebener gewesen sein, wenn sie vor der Frauenkirche an der Ostseite des Hauptmarktes standen, die Karl IV. 1349 gestiftet hatte. Sahen sie doch unter dem achteckigen Erkerturm eine Kunstuhr, 1509 von Jörg Heuß aus Nürnberg gefertigt, aus der Schlag 12 Uhr sieben hölzerne Figuren heraustreten und Kaiser Karl IV. huldigen, ein Wunschtraum, denn zu des Luxemburgers Zeiten waren die Erzbischöfe von Köln, Trier und Mainz, der König von Böhmen, der Pfalzgraf bei Rhein, der Herzog von Sachsen und der Markgraf von Brandenburg keineswegs servile Gestalten. Eine mechanische Leistung war auch die Mondkugel, die, mit dem Laufwerk gekoppelt, sich einmal in 29 Tagen, 12 Stunden und 45 Minuten um sich selbst dreht.

Der Ring am Schönen Brunnen zu Nürnberg

So wie jeder Handwerksgeselle, der behauptete, auf der Walz durch Würzburg gekommen zu sein, wissen mußte, wie viele Heilige auf der Alten Mainbrücke standen, so mußte jeder Geselle, der durch Nürnberg gestiefelt war, vom Schönen Brunnen auf dem Hauptmarkt erzählen können. Von den 40 Steinfigürchen auf vier Etagen, die Philosophie und die sieben freien Künste darstellend, dann die vier Kirchenlehrer und die vier Evangelisten, sodann die sieben Kurfürsten und die neun Helden (Hektor, Alexander, Cäsar als die heidnischen, Josua, David, Judas Makkabäus als die jüdischen, König Artus, Karl der Große und Gottfried von Bouillon als die christlichen Helden), in der obersten Reihe schließlich Moses und die sieben Propheten. Wichtiger für den Handwerksburschen war jedoch der mysteriöse Ring, den der Augsburger Schlossergeselle Paulus Kühn 1587 geschmiedet und so in das Gitter der Westseite eingefügt hatte, daß heute noch Laien unverständlich ist, wie er in die vier Eisenstäbe geraten ist, die ihn halten.

Der schöne Brunnen auf dem Hauptmarkt zu Nürnberg

Ein fränkisches Pantheon

Vor dem Tiergärtnertor legten Nürnbergs Stadtväter 1323 den Johannisfriedhof an, einen der ersten mittelalterlichen Friedhöfe außerhalb einer engbebauten Stadt, der berühmteste in Süddeutschland. In seinem historischen Teil müssen die Grabplatten wie einst liegen bleiben, dürfen nicht hochkant gestellt werden, um den ursprünglichen Eindruck zu wahren, der von den mächtigen Tumben der Familiengräber beherrscht wird.
Am meisten besucht ist das Grab Albrecht Dürers, dessen Platte Joachim von Sandrart, der erste deutsche Kunsthistoriker von Rang, 1681 vom Heiliggeist-Spital zurückkaufen mußte. Nahebei ruhen Willibald Pirckheimer, sein Freund, Peter Flötner, Veit Stoß, Benedikt Wurzelbauer und Anselm Feuerbach.

Von den Türken zu Rügland

Hannibal Friedrich von Crailsheim, kaiserlicher Obristwachtmeister, brachte nach der Befreiung Wiens von der Umklammerung durch die Türken 1683 an Zahlungsstatt zwei Türken als Diener mit nach Rügland bei Ansbach. Nach christlicher Unterweisung wurden 1687 die beiden Türken getauft, nachdem sie »vor einer christlichen Gemeinde gar verständlich das Glaubensbekenntnis abgelegt«. Einen dritten Türken namens Osman brachte Albrecht von Crailsheim von der Belagerung Belgrads 1688 mit und schenkte ihn seinem Bruder Hannibal Friedrich. Erst 1727, im 39. Jahr seines Aufenthalts auf Schloß Rügland, ließ er sich taufen und hieß fortan Karl nach seinem hohen Taufzeugen, dem Erbprinzen Karl Wilhelm Friedrich von Brandenburg-Ansbach. In seinem letzten Willen befahl der Diener Karl, »allen und jedem ihm mit der Leich Gehenden einen guten Batzen unter dem Tor des Kirchhofes auszuzahlen. Es sind derer Personen, die solche 5 Kreuzer genommen, 925 gewesen und ist unsere Kirche so voll Leute gewesen, daß kein Mensch mehr stehen konnte und etliche Hundert um die Kirche herumstanden, welches wohl niemalen hier geschehen, aber so leicht nicht wieder geschehen wird.«

Vom tapferen Preußen zu Wassertrüdingen

Wie viele Preußen war Hans Ernst Freiherr von Lüttwitz ein Schlesier, der durch ein Patent König Friedrich Wilhelm III. 1797 Kreisdirektor von Wassertrüdingen wurde, das seit 1791 mit den Markgrafschaften Ansbach und Bayreuth preußisch geworden war. Als sich die Österreicher 1800 von Ulm zurückzogen, flüchtete ein Offizier mit einer Kiste Banknoten nach Wassertrüdingen. Lüttwitz weigerte sich, ihn an die verfolgenden Franzosen auszuliefern, weil preußischer Boden neutral war, ließ die Stadttore schließen und die Bürgerwehr unters Gewehr treten. Dieses Auftreten imponierte so, daß die Fürsten Oettingen-Wallerstein und der spätere König von Württemberg einen Teil ihres Hofstaates und ihres Staatsschatzes nach Wassertrüdingen flüchteten.

Als der französische General Klein die Österreicher in Gunzenhausen eingeschlossen hatte, erreichte es von Lüttwitz, daß sie den Ort räumten und sich östlich der Altmühl verteidigten. Als General Murat das von Lüttwitz für die abziehenden Österreicher bestellte Essen beschlagnahmen ließ, beschwerte sich der Kreisdirektor bei Napoleon direkt. Murat erhielt einen Verweis, aber nicht wegen der Fourage, sondern weil er die Feinde nicht angegriffen hatte.

Als nach der Schlacht bei Austerlitz (2. 12. 1805) der französische Marschall Bernadotte die Division Suchet mit 8000 Mann in den Kreis legte, unterstützte er den Kreisdirektor hervorragend. Als ein Capitaine sich den Anordnungen des Kreisdirektors widersetzte, ritt General Suchet mit ihm in das Dorf, ließ die Soldaten das Gewehr vor dem Preußen präsen-

tieren, während der Hauptmann sich entschuldigte. Als ein französicher Soldat einen Bauern erstochen hatte, kam er sofort vor ein Kriegsgericht und wurde standrechtlich erschossen.
Als 1806 die ehem. Markgrafschaft Ansbach an Bayern kam, mußte von Lüttwitz eigenhändig den preußischen Adler abnehmen. Er zog nach Bayreuth und nach der Schlacht bei Jena auf sein Gut Gorkau in Schlesien.

Die Franzosengräber in Ornbau

Beide waren Flüchtlinge vor der Französischen Revolution und ihren in Mitteleuropa ausschwärmenden Heeren, gegen die kein Kraut gewachsen schien. Sie hatten sich an den Markgrafen von Ansbach gewendet, den sie noch von seinen Aufenthalten in Paris her kannten. Er hatte sie in Triesdorf untergebracht, doch durften sie dort nicht begraben werden, weil sie katholisch waren, weshalb sie jetzt im Friedhof zu Ornbau ruhen.
Das höhere und schönere Monument hat der Marquis de Bièvre erhalten, ein von Markgraf Karl Alexander hochgeschätzter Lustspieldichter, dessen leichte Komödien von der Hofgesellschaft aufgeführt wurden, deren Umgangssprache ja das Französische war. Als der Luftschiffer Blanchard dem Markgrafen seinen Ballon vorführte, veranstaltete der eine Parforcejagd, um herauszufinden, ob er zu Pferd nicht doch schneller als Blanchard im Luftschiff vorankomme. Bei diesem tollen Ritt holte sich der Marquis eine Lungenentzündung und den Tod.
Der neben ihm bestattete Oberst Michel de Gaston durfte zwar in Triesdorf ein eigenes Haus bewohnen, aber angesehen war er nicht, trug er doch den verächtlichen Beinamen »Verräter von Longwy«. Er hatte 1792 die Festung Longwy an die Preußen übergeben.

Die Mautpyramide in der B 13

Sie steht tatsächlich nicht an oder nahe der Bundesstraße 13 zwischen Ochsenfurt und Uffenheim, sondern, aus gelbem Sandstein gemeißelt, mitten in der Straße, allen Wagenfahrern in Nebel oder Dunkelheit ein Greuel. Auf der Grenze zwischen dem Hochstift Würzburg und der Markgrafschaft Ansbach, da, wo Zoll (Maut) erhoben wurde, ließ Karl Alexander dieses Denkmal seiner Großzügigkeit errichten, denn die Inschrift birgt nicht etwa Zollsätze um 1785, sondern preist den Markgrafen, weil er die neue Chaussee von Uffenheim zur Grenze auf eigene Kosten erbaut habe. Daß seine Privatschatulle stets aus dem Staatssäckel gespeist wurde, übersah der Spender großzügig.

Die Jenischen in Schillingsfürst

Auf diesen Überlandstraßen fuhren nicht nur zollende Kaufleute und fluchende Fuhrleute, eilige Postillone und gemächliche Reisende dahin, auch die Landfahrer, die Landstörzer und ausgedienten Marodeure zogen ihre unruhige Bahn. Gerade nach dem 30jährigen Krieg »lagen« viele auf der Straße. Da griff ein Graf Hohenlohe-Schillingsfürst zu, um die 1632 durch Kroaten niedergebrannte Burgsiedlung Schillingsfürst und die Talsiedlung Frankenheim wieder aufzubauen. Um Siedler anzulocken, wurden ihnen z. B. 1757 unentgeltlich Land, Bauholz und Steuerfreiheit bis in die 3. Generation zugesichert. Da weder Vermögen noch ein einwandfreier Leumund nachgewiesen werden mußten, kamen auch die Landfahrer zu Grund und Haus und Ehrbarkeit. Sie sprachen das Jenische, das Rotwelsch der »Nichtseßhaften«, das einige ältere Einwohner noch beherrschen, die allerdings nicht mehr steuerfrei leben, da sie schon der 7. und 8. Generation angehören.

Der »Schwarze Mann« im Schloßpark zu Schillingsfürst

So nennt der Volksmund die dunkle Figur eines ernsten Mannes im Schloßpark. Gesetzt hat sie Kardinal Gustav Adolf Prinz zu Hohenlohe-Schillingsfürst seinem Freund und Schützling Franz Liszt, dem pianistischen Genie der Biedermeierzeit. Er kannte den Virtuosen und Komponisten seit 1860 besonders gut, als er seine Stelle als Hofkapellmeister in Weimar aufgegeben hatte und nach Rom gezogen war, wo seine »ständige Begleiterin«, die Prinzessin Sayn-Wittgenstein, ein Palais in der Via Felice ankaufte, wo der Kardinal nahezu täglich dem Klavierspiel des Maestro lauschen konnte. Zwar erwirkte er eine päpstliche Dispens, doch ließ die Familie von Sayn-Wittgenstein die Scheidung der Dame Karoline für ungültig erklären, so daß der Kardinal nicht die Trauung des Jahres 1861 vollziehen konnte. Wenn er die heißen Sommer Roms mit dem kühlen Schloß Schillingsfürst vertauschte, nahm er Liszt als Gast mit, zumal sein Bruder Chlodwig meist anderwärts residieren mußte. 1848 war der Reichsgesandter in Athen und London, 1866–70 bayerischer Ministerpräsident in München, 1874–85 deutscher Botschafter in Paris, 1885–94 Statthalter in Elsaß-Lothringen mit Sitz in Straßburg und

Kinderzech-Festspiel Dinkelsbühl

schließlich 1894–1900 Reichskanzler und preußischer Ministerpräsident in Berlin.

Die Dinkelsbühler Kinderzeche

Errettung aus Kriegsnot hat in Franken kaum Denkmäler hervorgerufen, doch dauerhafter als Bronze und Stein sind nun mal Gedenkfeste, die weder Schmelzöfen noch Frost zu fürchten haben. Seit über 300 Jahren wird in Dinkelsbühl die »Kinderzeche« abgehalten, um zu erinnern, daß die Stadt während der Besetzung durch die Schweden 1632–34 eine milde Behandlung erfuhr. Der Kommandant, der aus Walsrode stammende Oberst Claus Dietrich Sperreut(er) hatte in seinem Zorn, weil sich die Stadt 14 Tage gewehrt hatte, zwar eine hohe Kontribution verlangt, sie aber trotz seiner Drohungen unzerstört gelassen. Man führte diese nachgiebige Haltung darauf zurück, daß die Bitte der unschuldigen Kinder den schlachterprobten Oberst erweichen konnte, womit ein historisches Ereignis geschwind mit einem alten Sagenmotiv verwoben war. Mitte Juli wird die ausgeschmückte Begebenheit eine Woche lang im Schrannensaal aufgeführt. Dann ziehen die Darsteller in einem Festzug durch die Stadt, wobei die bekannte »Dinkelsbühler Knabenkapelle«, in der Uniform der Ansbacher Soldaten Mitte des 18. Jahrhunderts steckend, ihre Märsche spielt. An den Nachmittagen ist auf dem »Schießwasen« beim Bahnhof Volksfest mit Zunftreigen und Schwertertanz.

Denkmal für einen Unbekannten

Im Ansbacher Hofgarten, der nach dem Zweiten Weltkrieg wieder sein französisches Gartenzierstück erhielt, steht am östlichen Lindenplatz nahe der Orangerie ein Gedenkstein mit der seltsamen Inschrift: »Hic occultus occulto occisus est« (Hier wurde der Unbekannte auf unbekannte Weise ermordet.) Er markiert die Stelle, an der Kaspar Hauser tödlich verwundet wurde. Dieses »Kind Europas«, im Jahre 1828 plötzlich und nahezu sprachlos auf dem Nürnberger Unschlittplatz aufgetaucht, wurde bald für einen ausgesetzten badischen Erbprinzen, bald für einen Schwindler, stets aber als rätselhaft betrachtet. Die Schriften und Aufsätze, die man über ihn geschrieben hat, rangieren mit 16000 Titeln hinter denen über Goethe, Napoleon und Richard Wagner im deutschen Schrifttum an vierter Stelle.

Die Nagelprobe des Herrn Nusch zu Rothenburg

In Rothenburg waren es nicht die Schweden, die belagerten und drohten, sondern die Truppen der Liga unter ihrem Feldherrn Tserclaes Graf von Tilly. Er soll, stets der Legende folgend, so erbittert über den Widerstand der Reichsstadt gewesen sein, daß er nach seinem Einzug in die besiegte Stadt vier Ratsherrn wollte hinrichten lassen. Als ihm jedoch der Willkommenstrunk überreicht wurde, fiel ihm angesichts des großen Humpens ein, den Herren das Leben zu schenken, wenn es einem von ihnen gelänge, den Pokal mit 13 Schoppen alten Maßes, gut drei Liter, zu leeren, ohne dabei abzusetzen. Das gelang dem Georg Nusch, weshalb die dankbaren Rothenburger an seinem Wohnhaus, dem »Roten Hahn« in der Schmiedgasse, eine Inschrift anbrachten:

»Famosa patriam servavit Nuschius haustu;
Tu Nuschi memor hic, quod docuit, repetas!«

(Durch einen berühmten Trunk hat Nusch die Vaterstadt gerettet; Du, des Nusch hier gedenkend, wiederhole, was er gelehrt.) Nun wäre das etwas viel von all den Touristen verlangt, weshalb die Nürnberger »Freunde Alt-Rothenburgs« 1910 eine Kunstuhr für die Fassade der Ratstrinkstube stifteten, wo nun ein Abbild jenes Nusch um 11, 12, 13 und 14 Uhr einen Humpen leert. Einmal im Jahr jedoch wird die rührselige Szene mit Tilly nochmals aufgeführt, wobei ein Auserwählter einen kleineren Pokal in einem Zug zu leeren hat.

Ein probates Mittel gegen die Pest

Gegen die Pest und andere Seuchen versuchte man sich mit seltenen Kräutern oder exotischen Gewürzen zu schützen. Am beliebtesten waren die Muskazinen, mitgebracht von Wallfahrern aus Dettelbach. Dort werden diese Gewürzplätzchen in Form zweier gegenständiger Jakobs-Pilgermuscheln noch nach alten Rezepten in der Bäckerei Achtmann und in der Konditorei Kehl gebacken. Da nun nicht jeder, der sich schützen will, nach Dettelbach fahren kann, seien hier die Zutaten angegeben: 3 Eier, 500 g Zucker, 250 Gramm ungeschälte Mandeln, 50 g Zitronat, 250 g Mehl, eine halbe (ungespritzte) Zitronenschale, Zimt, Gewürznelken, etwas Muskatnuß und etwas Muskatblüte. Eier und Zucker schaumig rühren, die geriebenen Mandeln, Gewürze und das Mehl dazugeben, den Teig zu kleinen Rollen formen und davon die halbe und mehlbestäubte Muschelform füllen. Dann die Muskazinen herausklopfen und über Nacht kühl auf einem Blech trocknen lassen. Erst anhaftendes Mehl abpinseln, dann hellbraun backen und kühl aufbewahren.

Der Petersilie zu Ehren

In Schweigern im Umpfertal zerstörte ein Hagelschlag am 4. Juli 1744 die gesamte Ernte. Nur die Petersilie in den Hausgärten hatte den Wolkenbruch unversehrt überstanden. Für Tage war das die einzige Nahrung der Schweigerner. Aus Dankbarkeit begehen ihre Nachfahren an jedem 4. Juli einen Gewitterfeiertag und verzehren zu Mittag die Peterlesküchle, Maultaschen, gefüllt mit viel Petersilie.

Schnaps ist gut gegen Cholera

Nicht nur dagegen, sondern bewährt gegen Magengrimmen aller Art. Welche Früchte alles Aroma verleihen können, erfährt man in der historischen Pilgerstube zu Streitberg, die gleichzeitig ein Heimatmuseum auf kleinstem Raume ist. Lieferant ist die Kurhausbrennerei Hans Hertlein. Schlehenfeuer sollten Sie mal probieren. Vor allem, wenn sie aus der kühlen Binghöhle, der schönsten Tropfsteinhöhle Deutschlands kommen.

Wunsiedeler Wasser

Da Wunsiedel über reichlich frisches Quellwasser verfügt, hat man schon in alter Zeit Brunnen errichtet, deren Wasser man hier noch gefahrlos trinken kann. Am Samstag vor dem 24. Juni (Johannes) werden alle Brunnen herrlich mit Blumen geschmückt aus Dank für die Gottesgabe. Wer den Alkohol angesichts so viel Klarheit nicht missen will, kann zum Sechsämtertropfen greifen. Er erinnert an die sechs bayreuthischen (1791–1806 preußischen) Ämter auf dem Fichtelgebirge.

Mit Franken in der Hand, kommt man durchs ganze Land!

Gemeint sind hier nicht die Schweizer Franken oder die französischen Franc, obwohl beide Währungen ihre Namen vom Stamm der Franken ableiten, sondern vier der sieben Wertstufen der DM, die auf Geldscheinen zu finden sind. Nicht nur die drei untersten Ränge zu 5 DM, zu 10 DM und zu 20 DM sind von Franken besetzt, auch die Spitzenposition zu 1000 DM hält ein Franke.

Auf dem seltener gewordenen Fünfmarkschein strahlt die »Junge Venezianerin«, die Albrecht Dürer 1505 malte. Das Bild gehört dem Kunsthistorischen Museum in Wien.

Das »Bildnis eines jungen Mannes« auf dem Zehnmarkschein stammt wohl von Albrecht Dürer, obwohl ein im 17. Jahrhundert aufgeklebter Zettel Anton Neubauer als Maler benennt. Das Bild hängt im Schloßmuseum Darmstadt.

»Elisabeth Tucher«, 1499 von Albrecht Dürer gemalt, schmückt den Zwanzigmarkschein. Die Gemäldegalerie in Kassel besitzt das Bildnis.

Der aus Karlstadt am Main stammende Astronom und Geograph Dr. Johannes Schöner (1477–1547) auf dem Tausendmarkschein wurde von Lukas Cranach porträtiert.

Was den Franken ausmacht

Theodor Heuss

Fränkisches Wesen

»Der Franke sitzt dort in Deutschland, wo der Wein wächst. Das ist ein bißchen übertrieben ausgedrückt – die altfränkische Stadt Nürnberg liegt, wenn man so sagen darf, in einer Bierlandschaft und der Markgräfler Weinbau wird von Alemannen besorgt. Aber die Flußläufe und Landschaften, an denen der Ruhm von mannigfachen Weinen hängt, Main und Rhein, Saar und Mosel, die Pfalz, das Neckargebiet des nördlichen Württemberg sind fränkisch besiedelt. Man soll nun nicht meinen, daß die Franken, als sie in der germanischen Wanderungsperiode, in Drang und Stauung, ihre Grenzen fanden, sich nach den Weingrenzen ausgerichtet hätten. Denn zum größten Teil waren diese noch gar nicht vorhanden. Aber diese Anmerkung ist doch wohl etwas mehr als ein abwegiger Einfall. Mit dem Weinbau verbindet sich die Vorstellung von heiterer Mühsal, mit dem Weintrinken von lebhaftem und draufgängerischem Temperament. Es ist gewiß so, daß die fränkische Bevölkerung die fröhlichste, unbeschwerlichste unter den deutschen Stämmen ist; wenn man so will, die lauteste. Man hat die Franken die Sanguiniker unter den deutschen Menschensorten genannt. Das wird im ganzen zutreffen, im ganzen – denn es liegt auf der Hand, daß bei solchen Versuchen einer Gesamtcharakteristik jeder ein paar Leute kennt, die einen wesentlich anderen seelischen Habitus tragen.

Nun haben die Franken nicht das gleiche und gepflegte Stammesgefühl, wie es bei den anderen sogenannten ›Altstämmen‹, den Bayern, Schwaben, Niedersachsen anzutreffen ist. Ihre Siedlung hat keinen festen Kern. Die späte deutsche Geschichte hat sie auseinandergerissen, damit zunächst unmerklich die einzelnen Teile verfärbt. Man braucht bloß die drei Städtenamen Nürnberg, Frankfurt, Köln zu nennen. Sie haben ihren gesonderten Unterdialekt, ihre eigene Atmosphäre. Aber sie hängen auch wieder zusammen. Die reichspolitische Leistung der Franken ist eigentümlich genug. Sie waren einmal,

Nächtliche Zeche beim Wirt zum »Güldenen Lamm« in Rothenburg

mit Klugheit und unbekümmertem Machtwillen, der staat- und reichsschaffende Stamm der Deutschen, schenkten dem gallo-römischen Nachbarn im Westen, dem Franzosen, den Volksnamen, ihre ehemalige Bedeutung im ›Reich‹ drückte sich darin aus, daß von den sieben Kurfürsten, die den Kaiser wählten, vier auf fränkischem Boden saßen. Das blieb, auch als die eigentliche formende Kraft erschlafft schien. Später, in der Einheitsbewegung des 19. Jahrhunderts, wurde es fränkische Sonderaufgabe, die partikularstaatlichen Hemmungen in den Heimaten, denen sie noch in der Napoleonzeit zugehörten, zu überwinden. Das gilt für Alt-Bayern, Württemberg und Baden, aber auch für die Pfalz und preußisches Rheinland.

Der Franke ist auf eine unproblematische Art mit sich selbst zufrieden. Das unterscheidet ihn vor allem von dem einen seiner südlichen Nachbarn, dem Schwaben. Dem fehlt es gewiß nicht an ›verstohlenem‹ Selbstbewußtsein, aber er stellt höhere Ansprüche an sich und tut sich selber nicht leicht genug. Er ist bedächtig, wenn nicht langsam und gegen auftrumpfende Selbstgewißheit mißtrauisch. Im Fränkischen, und nicht bloß im katholischen Teil des Landes, werden die Dinge dieser Welt weniger schwer gewogen. Leben und leben lassen – es steckt ein liberales Element auch in den Gruppen, die mit dem politischen Liberalismus nie etwas zu tun hatten. Da man lebhafter Art ist, ist man im bürgerlichen Leben nicht gerade Pazifist, manche meinen, daß sich zänkisch gar zu leicht auf fränkisch reime.

Das Land hat im ganzen eine gute Mischung von ländlichem und städtischem Charakter, aber da es der Bezirk alter deutscher Städte von kultureller und wirtschaftlicher Fernwirkung und lange dauernder politischer Selbständigkeit ist, wurde der städtische Charakter typenbildender als der ländliche. Mit dem Wort ›fränkischer Bauer‹ verbindet sich nicht so unmittelbar eine Vorstellung wie mit dem schwäbischen, dem niedersächsischen Bauern. Die Lebenshaltung im Fränkischen ist gelöster, der Sinn kommbrieller, man entschließt sich leichter zu Orts- und Berufswechsel – der Franke stellt, zumal der Pfälzer, ein sehr starkes Element in der Binnenwanderung und in der Auswanderung. Aber er erweist sich dann anpassungsfähig an seine neue Umgebung, weniger zäh etwa in der Behauptung seines Dialekts und seiner heimischen Gewöhnung als der Schwabe, der ja auch, aus anderen Ursprüngen gespeist, ein Weltwanderer ist. Sind Schwaben und Niedersachsen Kräfte der Beharrung und der Behauptung, so die Franken die Träger einer beweglichen Unruhe, entzündbar und begeisterungsfähig, unternehmungslustig und in zugreifender Art aktiv. Sie sind Realisten ohne Träumerei, aber sie haben genügend Phantasie, um nicht als schüchtern zu gelten.

Man wird, bei der Wertung ihrer gesamtdeutschen Leistung, nie vergessen dürfen, daß Albrecht Dürer, Beethoven, Goethe aus diesem Blutstrom hervorgegangen sind, die Genialität der großen Formgestaltung, die vom Leben und Erleben getränkt zur Idealität der reinen und freien Anschauung kommt. Ein Volkskundler hat einmal bemerkt, daß es unmöglich sei, sich Goethe als Niedersachsen oder als Bajuwaren vorzustellen. Diese Namen sind aber zugleich ein Beweis, daß die fränkische Unruhe nicht bloß als was sie manchmal wirkt, Regsamkeit und Betrieb ist, sondern auch einen faustischen Zug besitzt. Niemand soll nach diesem in den Läßlichkeiten des Alltags, in den fröhlichen Renommistereien und Übertreibungen des Volkslebens suchen, aber man wird in deren Geschäftigkeit und Lärm nicht überhören dürfen, daß auch er da ist.

Mit dem Franken kommt man auf der Bahnfahrt, in der Wirtsstube leicht ins Gespräch. Er setzt sich nicht in eine Ecke, um da sein geruhiges und besinnlich umschirmtes Reich für sich aufzubauen, sondern an den Nachbartisch, und dann wird es bald losgehen. Er ist fragelustig, hält

sich nicht unbedingt an die Gesetze des sogenannten ›Taktes‹ und ist auch sich selber gegenüber indiskret; unversehens ist man mit seinem Schicksal vertraut gemacht. Diese rasche Intimität kennt auch eine rasche Lösung.
Doch ist der Franke auf eine unsentimentale Weise hilfsbereit. Seine soziale Haltung hat keine religiösen Motive, sondern ist tatkräftiger Opportunismus; man muß das tun, was vernünftiger ist. Vor allem muß man etwas tun, ohne zuviel Reflexion und Hintergründigkeit. Die Entschlußraschheit des Franken, die doch nicht die abrupten Plötzlichkeiten des Schwaben kennt, wollen manche für oberflächlich halten. Das ist aber eine falsche Wertung. Denn der zögernde Tiefsinn gilt ihm nicht als Maßstab. Spekulative Philosophen sind diesem Stamm nicht entsprossen, aber Männer der lebendigen Anschauung und der übersichtlichen Organisation. Man möchte von einer elastischen Tatkraft sprechen.«

Eugen Skasa-Weiß

Mir Franke

»›Was ein Franke sey, das weiß ich nit‹, ließe sich Dürers Seufzer über das Schöne variieren. Die Franken wissen es selber nicht, doch sie ahnen es zu jeder Zeit. Sie finden es selbstverständlich, daß es Würzburger gibt, Nürnberger, Pappenheimer, Coburger, Bayreuther, Bamberger ... und zwischen Spessart und Fichtelgebirge noch Unfaßliches in Hülle und Fülle: sie fassen es. Ihre Beweglichkeit und ihr Anblick untereinander im fränkischen Reichskreis und danach machten sie frei von Vorurteilen. Was fränkisch riecht, ist in Ordnung, was altfränkisch riecht, läßt sich in Ordnung bringen, und auch andere lassen sie leben. Den gesplitterten Franken ist die Bereitschaft zur Anerkennung des Andersartigen und zum Erdulden des Eigenartigen schon früh als Hausaufgabe aufgenötigt worden. Überall sprechen sie anders, treiben sie anderes, treiben dies aber zäh, sind sonderlicherweise überall Franken, mit ähnlichen Wohn- und Küchengerüchen, mit ähnlichen Gedanken, da auf ihrem Boden keinerlei Kant oder Hegel Verquältes dazwischendachte.
Da der höhere Mensch in jenem Moment beginnt, in dem er – nach unendlicher Selbstüberwindung – die Leitersprosse der Freiheit von Vorurteilen besteigt, befindet sich der Franke auf einem guten Anstieg. Der Bayreuther Franke, beispielsweise, verstand sich aufgeweckter und verschmitzter durch seine hohenzollerische Separatgeschichte zu schlängeln als der derbe Bamberger durch seine geistliche, barocke und süßholzreiche;

und jeder weiß, daß die Bamberger es nicht leiden können, die Bayreuther – Waggalaweia! Bayalaweia! Bambalaweia! – eines fernen bayerischen Tages auch noch als Inhaber einer Universität so dicht neben sich zu wissen – und dennoch überwinden sie sich und ihre Vorurteile, wie sich Katzen voreinander überwinden und deshalb lebendige Katzen bleiben.
Sie bleiben Franken. Und entnähme ein himmlischer Biotechniker ihnen allen, vom Fichtelgebirge bis zum Odenwald, vergleichende Blut- und Urinproben, dann erlebte er sein blaues Wunder: sie sind vom selben Schlag im Wein- und Bier-Franken, im Blumen-, Dornen-, Neckar-, Pegnitz-, Regnitz-, Rezat-, Main- und Altmühl-Franken, und wegen ihrer Vorurteilslosigkeit gegen das Andersartige sogar ein wenig mischblaublütig; viele kleine Leute, katholisch oder evangelisch gesprenkelt, von territorialen Platzhirschen angebrunftet, aber ›Mir Franke‹ allesamt. Und dabei so genau mit sich selbst, daß zwei Jahrhunderte lang eine Mauer die Wertheimer Kirche für Katholische und Evangelische in zwei gerechte Hälften teilte.«

Josef Dünninger

Vom scheinbaren Widerspruch im fränkischen Charakter

»Die Versuche, den Stammescharakter als eine einfache und vereinfachte Summe von nebeneinanderstehenden Eigenschaften festzulegen, sind unzulänglich. Sie kommen kaum über das hinaus, was von Andersstämmigen urteilend und aburteilend den Franken etwa ›nachgesagt‹ wird. Schon die Interpretation gewisser Leitwörter, mit denen die Stammesangehörigen sich selbst charakterisieren, würde ein vielfältigeres Bild ergeben.«
»Mit dem Begriff der ›Reaktion‹ lassen sich zumindest viele Widersprüche beim Charakterisierungsverfahren vermeiden und auflösen. Es heißt dann nicht vereinfacht: ›der Franke ist rege‹ oder ›der Franke ist beharrsam, altfränkisch‹ –, sondern er reagiert verschieden, rege oder beharrsam, je nach den Lebensfragen und Geschichtskräften, die an ihn herantreten. Er reagiert im Bereiche des Rechtlichen, der Ordnung, der Sitte außerordentlich beharrsam. Eine Geschichte der fränkischen Volkskunst müßte das Rege, das Aufgeschlossene sichtbar machen.
Solche nur scheinbaren Gegensätze ließen sich viele aufzeigen. Sie werden vor allem im Bereich des sozialen Lebens greifbar. Der Franke ist zweifellos sehr

kontaktfreudig. Er geht auf den andern ein, ist gesprächig, neugierig usw. Aber selbst solches Kontaktsuchen ist nicht rein spontan, sondern in seinem Vollzug durch die Sitte vorgeformt und gelenkt; es hat altfränkische Züge, möchte ich fast sagen. Mit dieser Kontaktfreudigkeit ist zugleich eine starke Neigung zum Abstandhalten verbunden. Auch dieser Abstand ist durch die Sitte stark gesichert. Man sträubt sich dagegen, sich dem andern gegenüber zu stark darzustellen.
Das ›Falsche‹, das der Andersstämmige, der Baier, etwa, dem Franken so gerne nachsagt, erklärt sich aus diesem Zusammenspiel von Kontakt und Abstand. Übertreibend könnte man sagen: Der Franke spricht sich nicht selbst aus, sondern regelt seine Ansprache aus der Überlegung, was der andere von ihm erwartet.«

Wolfgang Buhl

Aus Frankens literarischer Vergangenheit

»Die Neigung zum Niedlichen ist Franken ebenso angeboren wie der Hang zur Eigenbrötelei. Neben Vorliebe aus Eigenschaft wird aber, zumal in der Literatur, solche Veranlagung oft so kultiviert ins Spiel gebracht, daß niemand mehr an Zufälle zu glauben vermag. ›Man nennt mich ›verspielt‹ und es liegt ein Vorwurf darin, den ich wohl verstehe‹, bekennt Ernst Penzoldt in seinen ›Nächtlichen Notizen‹. ›Was konnte ich anderes tun, als diese fragwürdige Eigenschaft wahrzunehmen und zu versuchen, ernst damit zu machen – oder mich selbst aufzugeben?‹
In einem Liliputland wird die Erde zur Liliputwelt, und Spiel zum Prinzip. Heine versuchte das in der ›romantischen Schule‹ an der fränkischen Schlüsselfigur zu beweisen: ›Jean Pauls Periodenbau besteht aus lauter kleinen Stäbchen, die manchmal so eng sind, daß, wenn eine Idee dort mit der anderen zusammentrifft, sie sich beide die Köpfe zerstoßen; oben an der Decke sind lauter geheime Haken, woran Jean Paul allerlei Gedanken hängt, und an den Wänden sind lauter geheime Schubladen, worin er Gefühle verbirgt. Kein deutscher Schriftsteller ist so reich wie er an Gedanken und Gefühlen, die zu ungeheuren Bäumen auswachsen würden, wenn sie ordentlich Wurzel fassen und mit allen ihren Zweigen, Blüten und Blättern sich ausbreiten ließen; diese rupft er aus, wenn sie kaum noch kleine Pflänzchen, oft sogar noch bloße Keime sind, und ganze Geisteswälder werden uns solchermaßen auf einer Schüssel als Gemüse vorgesetzt. Dieses ist nun eine wundersame, ungenießbare Kost.‹«

»Was Heine nicht schmeckt, erscheint ethnisch heute als besonders typisch, als Signet eines Stammes. Die Idylle, auch bildlich bestärkt durch die Neuentdekkung Nürnbergs in der Romantik und Rothenburgs Wiedergeburt im Biedermeier, wurde zu ihrem Hauszeichen. Sie bestimmt ihr Verhältnis zur Welt, verantwortet ihren Spaß am Kleinen, ihre Lust an der Miniatur. Die Liebe zum Zierlichen entdeckte Albert Hauck, wie Barthel festhält, bereits an Einhard, dem ersten Schreiber, der Franken zugeschrieben wird. Der ›Haus- und Winkelsinn‹, den Jean Paul bei sich selbst findet, formt die Literaten des Landes.«

»Wieder einmal ist es Jean Paul, der die Spur findet, wenn er ›Von diesem närrischen Bunde zwischen Fernsuchen und Nahesuchen‹ spricht, ›dem Fernglas ähnlich, das durch bloßes Umkehren entweder die Nähe verdoppelt oder die Ferne.‹ In der Idylle liegt die Neugier aufs Panorama.« ...

»Welt heimzutragen, Futter für Phantasie, Lehrstoff zu besorgen, der dem Zurückgebliebenen zu vermitteln wäre. Das ist gewiß keine alleinfränkische Eigenschaft, aber nirgends ist Rückkehr so logisch. Ferne wird eingebracht, um daheim mikroskopiert zu werden. Großes, im Kleinen gespiegelt, braucht den heimischen Verzerrer. ›Im seligen Gefühl der Freiheit‹, bekennt der sonst völlig unsentimentale Karl Julius Weber nach einer persönlichen Krise in der Fremde ›in dörflicher Stille, unter Freunden, Büchern und unschuldigen Kindern erwachte ich wieder zum Leben und eine Bauernkirchweih war mir mehr als Rittertafeln und diners diplomatiques‹. Und Max Dauthendey, Rundumdiewelt-Fahrer ohne Geld, das Musterbeispiel des fränkischen Dichterreisenden, schrieb aus Mexiko: ›Glaubst Du denn, daß ich ohne Singvögel, ohne Rotkehlchen, ohne Finken und Stare, ohne Lerchen dichten kann?‹ Also über Würzburg, wo er nach seiner ersten Weltreise die besten Jahre verbrachte: ›Immer wieder bin ich vom Auslande zu dieser Stadt zurückgekehrt.‹

Nicht allein bei ihm bedeutet solche Rückkehr Einzug in sich selbst. Die fränkische Idylle verkürzt den Weg von der Außenwelt zur Innenwelt. In ihr sitzt Psyche wie in der Kelter, und wenn Grillparzer an Jean Paul rühmt, er sei herrlich in einem, nämlich dem Spiegeln innerer Zustände, so verweist er auf ein Talent, das selbst bei manchem Kleinschreiber dieses Landes größer ist als bei vielen der mächtigen Großautoren unserer Literatur. Die Enge introvertiert. Spätestens seit Freud sind die Stränge bekannt, die von dort zu Phantasmagorie und Utopie führen, wie sie von Hoffmann bis Penzoldt, von Conrads ›Purpurner Finsternis‹ bis Kellermanns ›Tunnel‹ sichtbar werden, zu

schweigen fast von jenem unumgänglichen Zug zur Selbstdarstellung, der damit verbunden ist.
Mehr Autobiographie hat kein deutsches Land hervorgebracht. Dürer gilt als Entdecker des modernen Selbstporträts. Mehr über sich selbst dachte keiner nach als Jean Paul, mehr an sich selbst keiner als Stirner.«

Hans Max von Aufseß

Der Franke ist ein Gewürfelter

»Wo immer in Franken der Gesangverein zum cantus aus voller Brust angetreten oder die Freiwillige Feuerwehr zum Löschen des Durstes bei feierlichen Anlässen aufmarschiert ist, ergibt der Anblick das erheiternde Kraut- und Rübendurcheinander eines Obst- und Gemüsemarktes. Es mischen sich Rundkopf und Schmalgesicht, Kurzbein und Langgestänge, Dunkelschopf und Blondhaar, Hakennase und Stupsgesicht, als hätte ein Theaterdirektor alle Chargen seines bunten Repertoires in Franken zusammengestellt.
Wer in Franken nach Rassen und Typen forscht, begibt sich in einen Irrgarten. Urbevölkerung, Völkerwanderungen, Heeresdurchzüge, Flüchtlingsströme und zuletzt die Scharen der Gastarbeiter haben fremde Merkmale in die verhältnismäßig dünne Oberschicht der fränkischen Eroberer gesprenkelt und Sprachsplitter aus Frankreich, Böhmen und den USA in die einheimische Mundart eingebracht.«

Es gibt keinen fränkischen Charakterkopf

»Es nützt auch nicht viel, an der Vergangenheit sich orientieren zu wollen und etwa bei den zahlreichen und berühmten Bildhauern und Malern Frankens Umschau zu halten. Den exemplarischen Charakterkopf des Franken und das unverwechselbare Gesicht der Fränkin wird man auch dort nicht ausfindig machen können. Noch nicht einmal ist es gelungen, den Franken in der Karikatur unverkennbar darzustellen, bei allen Ehren für das noch gelegentliche Vorkommen der spitzen langen Frankennase des kinderreichen Frankenvaters Karls des Großen. Selbst Maria, die Schutzherrin und Herzogin von Franken, wurde nach den Worten von Novalis ›in tausend Bildern hier lieblich ausgedrückt‹. Aus jeder der vielen mit ihr geschmückten alten Hausnischen und Kirchenwänden blickt eine andere Maria herab. Die bedrängten Viehhalter werden vielleicht die Maria in Laub (bei Gerolzhofen) bevorzugen, die seit einem halben Jahrtausend breitausladend wie

eine energische Bauersfrau auf ihrer Säule steht und mehr nach gutem Heuwetter als nach himmlischen Offenbarungen auszuschauen scheint. Die seelisch Bedrückten mögen sich dagegen zu der edlen Verhaltenheit der Mutter Gottes aus der Kreuzigungsgruppe in Münnerstadt hingezogen fühlen, für die eine gütige Äbtissin aus einem der adeligen Nonnenklöster Frankens als Abbild gedient haben mag. Mit tänzerischer Grazie hinwiederum hebt die Maria aus der Rokokofassade des Hauses Flach in Marktheidenfeld ihre bauschigen Gewänder an, als wollte sie sich zu einem Walzer himmelwärts wiegen.
Im vielgesichtigen Franken findet jeder Suchende seinen Tröster und seine Trösterin vom Erdverbundenen über das Vergeistigte bis zur frohen Sinnenlust, und in Coburg kann der Bedrückte sich sogar an einen Mohren halten, den die Stadt schützenden Heiligen Mauritius.«

Vom Buntgewürfelten

»Das Buntgewürfelte, das ist zum Segen oder Unsegen der Generalnenner für Franken. Das gilt nicht nur für das verschiedene Aussehen und Herkommen seiner Bewohner, das gilt auch für die Mannigfaltigkeit seiner Landschaften und den Abwechslungsreichtum seiner Bauten und Stile, und galt einst politisch für das Gewirr seiner ineinandergeschachtelten großen, mittleren und kleinen Territorialherrschaften mit ihren geistlichen und weltlichen, städtischen und ritterschaftlichen Herren, über deren Selbstherrlichkeit und hochgehobener Nase fern am Firmament das Funzellicht des kaiserlichen Kronleuchters glimmte.
Im zusammengewürfelten Franken, dieser nie zustande gekommenen Nation, dieser auf keiner politischen Länderkarte unter dem Namen Franken aufzufindenden Stammesbrüderschaft, diesem Land ohne gemeinsame Interessenvertretung, ohne gemeinsame Zeitung, ohne gemeinsame Hauptstadt, wäre es selbst dem aufmerksamsten Beobachter unmöglich, die Grenzen abzustecken, denn es überdekken sich die Dialekte und Gebräuche an der Peripherie und werden vom Nachbarlichen der Bayern, Sachsen, Thüringer, Hessen und Schwaben mitbestimmt. Nicht einmal geräuspert und gespuckt, geflucht und tarockt wird hier auf die gleiche Weise. Damit das Maß voll werde, reagiert auch jeder noch anders, der Biertrinker anders als der Weintrinker, die Evangelischen anders als die Katholischen, die Fichtelgebirgler anders als die Mainhäkker, die Fürther anders als die Nürnberger usw.
Der Franke erleichtert den übrigen Bundesbürgern das Zurechtfinden, wenn er

sich nicht als Franke vorstellt, sondern als Bayreuther, Bamberger, Aschaffenburger, Hofer, Ansbacher, Coburger usw., um sein spezifisches Lokalgerüchle den nichtfränkischen Nasen nahezubringen.«

Der »gewürfelte« Franke

»Zum Zurechtfinden in dem Wirrwarr des Völkertiegels, in dem Mosaik der Landschaften und der Willkür der noch heute nicht beendeten Gebietsaufteilungen mußten sich die Franken eine ganz besondere Einstellung und Taktik zu eigen machen, um sich den ständig wechselnden Situationen anzupassen. Was aber taten die Franken, um nicht im Bruderzwist sich aufzureiben und um nicht allzuoft das frank und freie Haupt zu beugen? – Sie entwickelten und kultivierten mehr unbewußt als bewußt eine Eigentümlichkeit zur höchsten Fertigkeit und Perfektion: Sie wurden zu ›Gewürfelten‹. Manche werden stutzen, weil sie vielleicht das Wort ›gewürfelt‹ noch nicht gehört haben. An fränkischen Stammtischen ist es jedoch gebräuchlich und wird häufig angewendet, wann immer nur einer dieses hohe Lobesattribut verdient. Ein ›Gewürfelter‹ ist ein Mensch, den es im Leben schon genug hin und her und auf und ab geworfen hat, einer daher, der sich auskennt und anpaßt, der, wie die Dinge auch immer laufen, seinen eigenen Standpunkt zu beziehen und etwas Treffendes dazu auszusagen weiß. Wo anders würde man vielleicht von ›gewiegt‹ oder ›gevift‹ sprechen, obwohl es nicht ganz das Gleiche bedeutet. Wird einem ein Anwalt oder ein Politiker als ›gewürfelt‹ empfohlen, dann kann man auf ihn bauen. Er wird sich in allen Situationen bewähren. Ein gewürfelter Mann genießt in Franken durch seinen erdnahen Realismus höchste Achtung und Vertrauen.

Was aber ist das Besondere des Würfels und des Gewürfeltseins? Der Würfel ist wie der Franke ein widersprüchliches Ding. Er ist weder eine Kugel noch ein Kubus. Durch Abrundung seiner Ecken und Kanten vereinigt er aber die Funktion von beiden: Er rollt und steht.

Genauso vermag der gewürfelte Franke dank seiner in den Wechselfällen des Lebens und insbesondere seines Landes erworbenen Abgeschliffenheit und Umgänglichkeit die größten Kontraste zu verbinden. Er ist beweglich und standfest zugleich, vigilant und altfränkisch nebeneinander. Der Franke ist ein Phänomen des einen und des anderen und das in einer ganz und gar unproblematischen, ja heiter und naiv unbeschwerten Weise.

Wie der Würfel auch immer fällt, tröpfelt es dünn oder regnet es Dukaten, der Franke in seiner Gewürfeltheit ist immer da, so oder so. Schaut die schäbige 1 nach

oben, hat er Witz und Ironie bereit. Bei der 2 hebt er bedächtig einmal die rechte und einmal die linke Schulter und sagt nicht so und sagt nicht so. Bei der 3 beschwichtigt er sein zur Unruhe neigendes Wesen: ›Noja, wart mer halt noch a weng‹. Bei der 4 spitzt er seine Schlitzohren. Kommt endlich einmal eine 5 auf den Tisch, markiert er den Uninteressierten. Aber bei der 6, da ist etwas los. Da haut er mächtig auf den Tisch. In diesem Zustand ist er in seine kritische Phase getreten. Nur jetzt kein zu beifälliges oder zu abfälliges Wort.
Heuss hat sich getäuscht. Die Franken sind nicht nur die Sanguiniker unter den deutschen Stämmen. Sie vereinen unter den vier Temperamenten mindestens drei gleichzeitig in sich. Das gehört sich auch so zu ihrem gewürfelten Wesen. Nur Melancholiker sind sie mit aller Bestimmtheit nicht; mit der einzigen Ausnahme vielleicht, wenn man sie einmal tadelt. Die geringste Kränkung macht sie krank, während Lob sie zu vervielfachter Leistung anspornt.«

Der Franke lebt mit seinem Widerspruch

»Das Wendige, das Witzige und das zwangsläufig damit verquickte Widersprüchliche lassen sich in Franken nur so aus dem Ärmel schütteln. Kein Wunder, daß ein großer Franke, nämlich Ulrich von Hutten, das Verslein auf sich geprägt hat:

›Nehmt mich nicht als ein aufgeschlagen
Buch;
ich bin ein Mensch mit seinem
Widerspruch.‹

Er hat dies für alle Franken ausgesprochen. Vom Widersprüchlichen her gesehen, ist Franken das Land der unbegrenzten Möglichkeiten.
Wie ist es z. B. nur möglich, daß in einem Land der höchsten Präzision, der Erfindung der ersten Taschenuhr, der Feinmechanik, der dünnsten Nähnadeln, der exaktesten Kugellager, der filigransten Porzellane usw. Abgründe der Schlamperei existieren, wo Landmaschinen in Brennnesselwildnissen verrotten, Wäsche daneben flattert, Enten darunter in Pfützen watscheln, die genährt werden von Jaucheabflüssen aus dem Misthaufen direkt vor der Haustüre, während doch gleichenorts neumodische Glasziegel und zitronengelbe Plastikvordächer der alten Hütte ein neues Ansehen verleihen sollen. Der fortschrittlichste Farbfernseher in der Küche wird auf Urvätermobiliar empfangen, denn das Alte ›tut's schon noch‹ und vom liebgewordenen Geraffel will man sich auf keinen Fall trennen. Man ist leicht verführbar zu Neuanschaffungen

und unrührbar und altfränkisch im Festhalten am Althergebrachten.
Wenn der Franke alles Fremde und alle Fremden auch freundlich aufnimmt, so hindert ihn das nicht, zäh um sein Recht zu kämpfen und sei es nur um einen Meter strittigen Grenzzaunes gegenüber den seit Urgroßmutters seligen Zeiten schon immer verfeindeten Nachbarn. Er ist versöhnlich und streitbar zugleich. Immer hält der Franke mit flink gehandhabter Schaltung seine Vorwärtsgänge und seinen Rückwärtsgang in sich bereit. Das Bejahende steht dicht neben dem Verneinenden, das freundliche ›werd gemacht‹ neben dem Abweisenden ›na, moch net‹, das Ungastliche im Alltag neben den überbrechenden Tafeln an den Festtagen, voran der Kirchweih, der Stich in das Universale und Europaverbundene neben der Vergangenheit im Lokalen und Provinziellen, der Funkelblick für zündende Ideen neben der Abneigung gegen jede Veränderung, das treuherzige Versprechen neben dem arglosen Nichteinhalten.
Der Franke übernimmt sich leicht in seiner sprunghaften Bereitwilligkeit und Offenheit. Das strenge Planen, Programmieren und Dosieren ist nicht seine Sache. Doch schenkt sein einfalls- und erfindungsreicher Schlendrian am Ende ihm oft die besseren Resultate.
Skasa-Weiß kommt in seinem Buch ›Deutschland – Deine Franken‹ zu dem Schluß, daß die Franken auch heute noch ›Germanias unbekannte Wesen‹ seien, deren Einordnung in feste Begriffe schlechthin nicht möglich sei. Ich gebe ihm recht. Den gemeinsamen Charakter der Franken zu beschreiben, die gar keinen gemeinsamen Charakter haben, grenzt an die magische Quadratur des Zirkels, an der sich schon berühmte Gelehrte den Kopf zerbrochen haben.«

Wolfgang Buhl

Großer Gesang der Liebe zum Kleinen

»Sie ist ebenso gewaltig wie unauffällig, nicht minder Besitz ergreifend als einhütend. Umfaßte das fränkische Weltreich nahezu die ganze damals bekannte Welt, so ihr Korrelat das Pendant von heute. Was einst Orient und Okzident verband, wo sich die großen europäischen Verkehrsadern zwischen Paris und Krakau, Aachen und Wien, Danzig und Marseille tangierten, zwischen Lübeck und Hamburg und Venedig und Florenz und Brügge und Budapest trafen – liegt das Schlaraffenland des ausklingenden Mittelalters heute etwa hinter den Märchenbergen der modernen Wirtschaft, deren

Die Drahtziehmühle um 1494. Aquarell von Albrecht Dürer

Elementarsystem ebenso hier erfunden wurde wie Buchhaltung und Wechselbrief? Nürnberger Gewitztheit, einst seine genauso sprichwörtliche wie alleinige Eigenschaft wie Lebkuchen und Tand, ist sie nicht längst allgemeinfränkisches Signet geworden? ›Wenn Scharfsinn ein Vergrößerungsglas ist, so ist der Witz ein Verkleinerungsglas‹, sagt Georg Christoph Lichtenberg. ›Glaubt ihr denn, daß sich Entdeckungen bloß mit Vergrößerungsgläsern machen ließen? Ich glaube, mit Verkleinerungsgläsern oder wenigstens durch ähnliche Instrumente in der Intellektualwelt, sind wohl mehr Entdekkungen gemacht worden.‹ Was der Thüringer Zeiss gewissermaßen instrumental bekräftigte, hatten ungezählte Franken längst ohne solche Hilfsmittel gleichermaßen zur Voraussetzung wie zum Markenzeichen ihrer Existenz gemacht. Nürnberger Fingerhutmacher und Rechenpfennigschläger besaßen Monopole in vielen Ländern wie heute Schweinfurter Kugellager- und Schwabacher Schraubenfabrikanten. Wer weiß, daß Kugellagerkugeln so klein sein können, daß ein Fingerhut mühelos vier Millionen aufnimmt? Was den Messinggießern recht ist, wie sollte es den Zinngießern billig sein? Schlägt, wer Peter Vischers Sebalder Grab bestaunt und gleichzeitig an die Figurenheere des Kulmbacher Museums denkt, Abwege ein oder nur die Verbindung von einer Branche zur andern, deren Meister ihr flüssiges Metall nicht anders in beinahe Luft aufzulösen versuchten wie Adam Kraft seinen Stein? Wer ist größer: der Nürnberger Gewürzhandel von einst oder der Fürther Versandhandel von heute, wo beide doch zur europäischen Tête zählen? Sind die Leistungen der Elektronik hierzulande nicht die ungemein sinnfällige Fortsetzung der leonischen Industrie und damit letztlich die logische Folge jener Drahtziehmühle, die wir von Blättern Dürers und seiner Schüler Pencz und Beham kennen, Wiege nicht zuletzt auch der Schwabacher Nadelindustrie, die schon unter Napoleon den gesamten Kontinent belieferte und heute 6 Milliarden Stück jährlich in mehr als 35 Länder schickt?

Das Penible, Akkurate, eine angeborene Lust am Didaktischen dazu, waren das nicht glänzende Voraussetzungen für die Glanzzeit des Buchdrucks – noch heute staunen selbst Fachleute vor der Biblia Latina des Johannes Frobenius aus Hammelburg von 1495 mit einer Texttype, deren Winzigkeit selbst modernste Technik schwer nachzuahmen vermag – und plausible Gründe zugleich, weshalb Franken es nie zur Zeitungslandschaft brachte? Man mag darüber rechten, ob die Verbreitung der Schnellpresse durch Friedrich Koenig und Andreas Bauer in Oberzell, mit der es diesen Mangel ausglich, eine glücklichere Innovation war als das Feuerschloß, indessen machen Klarinette und Bücherschließe, Lichtputzschere, Stricknadel und Türklopfer, auch sie allesamt Nürnbergern gutgeschrieben, angenehmere Geräusche. Als Ferdinand Magellan die nach ihm benannte Straße suchte, segelte er nach einer Karte Martin Behaims, dessen Erdapfel noch heute stimmigste Verkleinerung einer damals nahezu unvorstellbaren Größe auf handliches Format darstellt. Der Fürther Anatom Jakob Henle, Lehrer Robert Kochs, machte als erster aufmerksam, daß Krankheiten durch kleine Lebewesen übertragen werden können. Der Bamberger Zoologe Theodor Boveri, Vater einer der besten Journalistinnen Deutschlands in diesem Jahrhundert und Doktorvater des Nobelpreisträgers Hans Spemann, begründete die Chromosomentheorie der Vererbung. Daß er in Würzburg lehrte, kommt sicherlich ebensowenig von ungefähr, wie die Entdeckung der Röntgenstrahlen dort geschah, auch wenn sie dem Zufall sicherlich mehr zu danken war als, auf der Schwelle des Atomzeitalters, die Geburt Werner Heisenbergs, dem bisher letzten der großen fränkischen Tüftler. ›Der Teil und das Ganze‹ heißt seine Selbstbiographie in Gesprächen, und wenn der Vater der Quantenmechanik bis zuletzt an jener legendären Gleichung arbeitete, aus der er Existenz und Eigenschaften aller Elementarteilchen abzuleiten hoffte, so erstrebte er nicht nur die Schließung der ärgerlichsten großen Lücke im System der modernen Physik, sondern eben nichts Geringeres – und hier schlug sein Würzburger Erbteil auch in der altbayerischen Wahlheimat mächtig durch – als die Strukturierung des Unbegreiflichen, die Formulierung des Makrokosmos mittels der Mikrologik, getreu der Forderung seines Lehrers Arnold Sommerfeld nach Sorgfalt im Kleinen.

Wie Erhard Etzlaub, der Nürnberger Meister, die Mißweisung der Magnetnadel schon vor Kolumbus kannte, bewunderte er den Spanier, ›der den Mut hatte, alles bewohnte Land hinter sich zu lassen, in der fast wahnsinnigen Hoffnung, jenseits der Meere wieder Land zu finden‹. Ist sie nicht besonders fränkischen Entdeckern eigen, diese Plötzlichkeit, der rasche, fast überstürzte Aufbruch aus vertrautem, winzigen Ern in die große Vision, ähnlich wie die Dichter des Landes, von Walther und Wolfram bis Dauthendey und Kesten, zu den großen Reisenden der Literatur gehören: der Abruptus als Auslöser, Trennung entweder als Unwiderbringlichkeit, Abschütteln des Ursprungs, oder bereicherte Rückkehr, Einholung von Welt in die grüne Stecknadelkuppe der Heimat – à la Jean Paul: ›Denn ein Autor ist der Stadtpfarrer des Universums‹.«

Was vom »Altfränkischen« zu halten ist

Die Wörterbücher erklären »altfränkisch« mit altmodisch und überlebt. Ein führendes Lexikon fügt erläuternd hinzu: »Das Wort bedeutet ursprünglich: nach fränkischer, d. h. einheimischer Sitte gekleidet, so bei Einhard »Vita Caroli Magni« (Das Leben Karls des Großen, geschrieben von seinem Schwiegersohn, dem Mainfranken Einhard). Ende des 13. Jahrhunderts wurde es im positiven Sinne einer historisch-stammlichen Abkunft von den Franken gebraucht, aber bereits im 15./16. Jahrhundert einschränkend und abwertend für altmodisch und unmodern. Vom 17. Jahrhundert an übertrug sich der negative Sinn auch auf das Sprachliche und die als abgeschmackt bezeichnete Volkssitte. Kostümkundlich kennzeichnete »altfränkisch« im 17. Jahrhundert den bewußten Gegensatz zu »à la mode.«
Josef Dünninger, langjähriger Ordinarius für Volkskunde in Würzburg, selbst ein Franke aus Goßmannsdorf am Fuß der Bettenburg, ist den Wandlungen des Begriffs genauer nachgegangen. Bei Hugo von Trimberg, der 1260–1309 als Rektor der Stiftsschule St. Gangolph in der Theuervorstadt zu Bamberg wirkte, fand er ersten Aufschluß. Ab Vers 2231 f. des 1300 abgeschlossenen Lehrgedichtes »Der Renner« spricht er von den »altfränkischen Leuten«, zu denen seine Zeitgenossen offenbar nicht mehr gehörten:

»Ouch sol man noch besunder danken
Eins sprichwortes allen frumen Franken:
Man sprichet gern, swen man lobet huite,
Er sî der alt frenkischen Liute:
Die wâren einveltic, getriuwe, gewêre.«

Wobei »einfältig« wie im Evangelium die Menschen ohne Arg und Hinterlist meint. Während hier das »Altfränkische« in den Charakter verlegt ist, den offnen, treuen und zuverlässigen Menschen bezeichnet, benutzt es Aventin (Johannes Turmair) in seiner 1519 abgeschlossenen »Bairischen Chronik« als Kennzeichen der alten, der traditionellen Tracht. In der Chronik der Grafen von Zimmern, 1566 abgeschlossen, wird »altfränkisch« vor allem auf

Bauwerke (»uf die remisch, altfrenkisch manier«), die spätmittelalterliche Kunst und aus der Mode gekommene Kleidung bezogen. Im 1565 erschienenen »Wendunmuth« des Hans Wilhelm Kirchhoff wird an den Bauernkrieg erinnert mit dem Vergleich: »... den noch die alte fränckische, aufrürische art druckte«. Ganz weit von seinem Ursprung des treuen und Gewähr bietenden Charakters hat sich das Wort bei Johann Georg von Eckart entfernt, der einige Zeit Sekretär des Philosophen Leibniz war, ehe er konvertierte und 1724 als Bibliothekar an die Universität Würzburg kam. In einem Gedicht »Lustige und satyrische Beschreibung einer im Jahre 1704 und 1705 verrichteten Reiss« reimt er beim Bericht über Schwaben:

»Die Sprache, Sitte, Tracht,
Die sahen schwäbisch aus, und waren so gemacht,
Daß man sie wohl mit Recht altfränkisch konnte nennen,
Und für saalbaderisch und abgeschmackt erkennen.«

Bis ins 19. Jahrhundert hinein behält »altfränkisch« diesen Geschmack des Abgestandenen und Überholten, wird durch Wörter wie »altmodisch« und »zopfig« verdrängt. Erst mit den Spätromantikern wird »altfränkisch« wieder in Ehren genannt, denn die gotische Welt und Kunst ist von jener Treue, Frömmigkeit und Einfalt erfüllt, die sie sehnsüchtig verehren. Jacob Grimm, Eichendorff und Mörike, auch Gustav Freytag verwenden es in dem Sinne von zuverlässig, ohne Hinterhalt und Hintergedanken, aber auch von »altväterlich« und »gravitätisch«.
In die Kunstgeschichte drang das Wort durch Wilhelm Heinrich Riehl vor, der in seinem »Wanderbuch« (1869) beim Kapitel seiner Reise durchs Taubertal vom »altfränkischen Gepräge« der Stadt Mergentheim spricht. Damit hat er auf die Gesamtatmosphäre gezielt, nicht auf Einzelheiten fränkischer Siedlungen wie Fachwerk, Platzgestaltung und Straßenführung. Georg Dehio pflückte sich für sein »Handbuch der deutschen Kunstdenkmäler« (1924) das kleine, aber wohlbewehrte Prichsenstadt aus dem Kranz fränkischer Städtchen heraus, zeige es doch »ein altfränkisches Stadtbild, an dem man, wenn sich die Gelegenheit bietet, nicht vorübergehen sollte«. Alexander Freiherr von Reitzenstein schließt sein Werk »Franken« (1953) mit einem eigenen Kapitel über das »Altfränkische« ab, das er in nächste Nähe des »Altdeutschen« rückt. Das »zähe und starre Bewahren des Althergebrachten« hat schließlich auch das einzigartige Rothenburg erhalten und seine kleineren Brüder »Frickenhausen, Marktbreit, Sulzfeld, Dettelbach, Wolf-

rams-Eschenbach, Merkendorf«. Bei starren Stammesgrenzen kann er nicht Halt machen, denn Dinkelsbühl, eins der »kostbaren altfränkischen Städtchen« gehörte einst zum Schwäbischen Kreis, Hall dagegen, das sich mit Vornamen »Schwäbisch« nennt, zum Fränkischen Kreis bis zum Untergang des Alten Reiches. Dabei sieht er bei den Städtchen den Begriff »altfränkisch« mit »malerisch« gekoppelt, doch »es bezeichnet nicht mehr, was des Malens wert ist, sondern, was des Malens wert war, gestern, vorgestern. Was das Wort meint, ist viel weniger Farbigkeit (sie kann entbehrt werden) als eine erregende, verwirrende Vielfältigkeit der Teile, Bewegung, Überschneidung, Verschmelzung, Verschränkung – ist also eben das, was auch der Begriff des Altfränkischen enthält, nur daß er es einengt auf das Gebild von Menschenhand.«
Schon Reitzenstein sieht, daß »altfränkisch« nur eine Komponente des fränkischen Charakters trifft, denn: »Die Kräfte des Beharrens und des Fortschreitens waren dieser Landschaft doch wohl gleicherweise zugeordnet«. Dünninger sieht Beharrung und Ausgeformtheit vor allem im Charakter, in Haltung, Lebensstil und Sitte liegen, aber durchaus im Widerstreit mit dem »Neugierdehaften« des Franken, »den man gerne als «rerum novarum cupidus« (»aufs Neue begierig«) kennzeichnet. So beharrend etwa Recht und Brauchtum der Gemeinden bis in unser Jahrhundert festgehalten wurde, so rasch eignete man sich neue Stile im Hausbau, in der Tracht und bei Möbeln an. Selbst der kurzlebige Klassizismus drang zu Beginn des 18. Jahrhunderts nicht nur in die städtischen Haushalte ein, sondern mit Bauschmuck und Möbeln bis in entlegene Dörfer Frankens vor. Man wollte mit der Zeit gehen, kein Hinterwäldler bleiben. Gerade am Bildstock, der als Ausdruck konservativer Frömmigkeit galt, zeigt Dünninger auf, daß sowohl Themen beharrlich festgehalten wurden, wie das beliebte Vesperbild, aber auch neue künstlerische Formen und Stile ebenso schnell aufgegriffen wurden wie neue Bildinhalte. Nicht nur hier und im Städtebild zeigt sich eben, daß das Fränkische die Spannung zwischen Beharrung und Fortschritt, zwischen Genügsamkeit und Neugier in sich trägt.

Kapelle bei Frickenhausen

Von fränkischer Vielfalt

Von den Mundarten

»Weil mir aa wer sen« (Weil wir auch wer sind), so ist eine 1980 erschienene Sammlung fränkischer Mundartdichtung überschrieben; ein Satz, der verrät, daß uns nicht alle für vollwertig halten. Ob damit die Flut bayerischer Mundartdichtung gemeint ist, die per Radio und Fernsehen stundenweise ins wasserarme Franken geschleust wird? Oder die Überheblichkeit nordischer Gemüter, die nur das gelten lassen, was im Schriftdeutschen daherschreitet?
Sie können uns schon leid tun, die Erstsemester aus dem Emsland und der Lüneburger Heide, die Touristen aus Hannover, Hamburg und auch Bremen, denn sie verstehen, spricht einer fränkische Mundart, rein gar nichts. Einmal spricht jeder Franke zu schnell, dann verschluckt er die Endsilben und das je weiter mainabwärts desto lieber, und drittens spricht er die Verschlußlaute p, t, k stimmhaft wie b, d, g aus. Soll er ein Wort buchstabieren, damit es niedergeschrieben werden kann, so unterscheidet er »weiches d« vom »harten t« etc., denn beim Sprechen kennt er nur »dolle Sachn«, »Betr unn Baul« und läßt seinen Hahn »Giggerigi« rufen. Reißt er sich zusammen, um den Fremden entgegenzukommen, so wird es erst recht falsch, denn im Eifer kennt er ein »Paurnpett«, einen »Treizack« und einen »Kukelhupf«.
Die Barriere der Mundart schwindet bei zunehmender Verstädterung, wurde in Franken auch nie aus Selbstbewußtsein instandgehalten. Es ist eben so, daß man sich in der Sprache seiner Kindheit und Umgebung besonders plastisch, bilderreich, ungezwungen und rasch auszudrükken vermag. Daher bleibt, sollen sich Einheimische und Besucher besser verständigen, nur übrig, daß der Franke langsamer spricht und fleißig Übersetzungshilfe gibt, der Zuhörer aber nicht auf Schriftsprachlichkeit besteht, sondern Verständnis und Zuneigung aufbringt.
Leicht wird ihm das nicht fallen, denn die Sprachkarte »Ostfränkisch« hat fast so viele Farben und Grenzlinien wie eine Karte Frankens vor 1803. Obendrein sind nur zwei der Barrieren eindeutig: die

westlich Lohr und Wertheim das Hessische (Rheinfränkische) vom südlichen Würzburger Raum trennende und der Rennsteig auf dem Thüringer Wald, der das Thüringische vom Coburger Raum scheidet. An »Räumen« mit fließenden Grenzen haben wir noch mehr zu bieten: den Nailaer, den Bayreuther, den Obermain-, den nördlichen und den südlichen Regnitz-, den Nürnberger, den Ansbacher Raum u. a. Dazwischen liegen »Gebiete« genannte Sonderfälle wie das Teuschnitzer Gebiet am Frankenwald oder das Rehauer Gebiet, eine Nase in die Oberpfalz hinein.

In den Räumen hapert es auch mit der Gemeinverständlichkeit. Der südliche Würzburger Raum, der von Urphar vor Wertheims Toren bis nach Eltmann vor Bambergs Haustüre reicht, hat mindestens zehn Unterabteilungen, was ein Würzburger, bei der Kilianimesse als Stadtführer eingeteilt, leicht feststellen kann. Ein Mann aus Marktheidenfeld muß sich schon anstrengen, um einen Landsmann aus Uffenheim auf Anhieb zu verstehen und ein Schweinfurter »dischkeriert« (diskutiert) lange nicht so flott mit einem Auber oder Röttinger als mit dem Nachbarn in Haßfurt. Diese Vielfalt, diese lebhaften Unterschiede sind nun nichts Nachteiliges, sie zwingen zum Zuhören, zum Nachfragen, zum Überlegen, also zu Tugenden, die in plattgewalzten Sprachlandschaften erst mühsam erlernt werden müssen. Es ist tröstlich zu wissen, daß der Main sich nicht um seinen Namen schert, der am Obermain »Maa«, am Mittelmain »Mee« und am Untermain »Mä« ausgesprochen wird. Nur ein Zentralist wie Charles de Gaulle konnte seufzen, wie man ein Land regieren solle, das über 300 Käsesorten hervorbringt. Franken ist seit spätestens 1814 trotz aller Vielfalt leicht zu regieren gewesen, denn Franken und Pfälzer saßen in den Ministerien und damit an den Schalthebeln der Macht.

Anschließend wenige Kostproben, die, den Weinproben ähnlich, den Geschmack wecken wollen.

Eugen Skasa-Weiß

Im inneren Babel- und Babbel-Franken

»Rhönfranken haben für Hessisches, Neckarfranken für Schwäbisches, Frankenwälder für Thüringisches von Natur ein offeneres Ohr als für das altbaierisch unterwühlte Nürnbergisch, wo's ›a Schnakala tout‹ wie im Oberbayerischen ›an Schnackler‹. Sortieren lassen sich die in Deutschlands Mitte wuchernden Unarten des Nasalen, Silbenpfuschenden, Mißdiphthongierten (mit den dissonanten

Würzkräutern der ai, öi und ou) nur im Groben. Das Aufregendste spielt sich in der Spanne des mainfränkischen ›I ho gegess‹ und des pegnitz-regnitz-rezat-fränkischen ›I hou gessn‹ ab.

Der Bamberger Morper, genannt der Haanzlesgörch, bringt den Unterschied zwischen der Mundart am Maa und am Mee in plausible Reime:

Herom trong die Madla
schöna Mäschla am Kladla,
do drunt trong die Mädli
schöni Mäschli om Klädli.

Do bricht mer es Baa,
dort bricht mer es Bee,
do schmeißt mer mit Staa,
dort schmötzt mer mit Stee...

Im mainfränkischen Frankenspeicher sind die ›Häusli ananander onglehnt, als wöllt' si ebbes verzähl aus dr frühern Zeit‹. Wer das fließend versteht, entziffert auch gemach die Ausrede des Frankenwälder Flößers, der jahraus, jahrein Flußfahrt betreibt, ohne schwimmen zu können: ›Mei Brude ist Douchdecke, dä koh doach aa nije flieg!‹
Selbst als Franke verspürte ich nie den Drang, solche Rede hinzuzulernen, um frankenwäldlerisch dahinterzukommen, weshalb es nicht einfach heißt: ›Draußen gehen zwei vorbei‹, sondern hochdifferenziert: ›Do daun genn zwee vebei‹ (bei Männern) – ›Es genn zwu‹ (bei Frauen oder Weibern) – bei Kindern: ›Es genn zwaa vebei‹.«

Fränkische Schprüch und Lumpelidli

Für die Höhepunkte im fränkischen Landleben, für Kärwe (Kirchweihe), fürs Nachsteiche (Minnedienst) und den Kehraus aller Feiern (Taufe, Hochzeit, Kirchweih, Schlachtfest und auch Leichenschmaus) wurden sangbare Reime ersonnen, die jetzt ihre 100 bis 140 Jahre auf dem Buckel haben. Ähnlich den Schnadahüpfl der Bayern und Tiroler können sie variiert und ironisiert werden. Ich entnehme eine Handvoll der Sammlung »Alte fränkische Volksreime, Kärwa-, Tanzbouda-, Schelma- und Lumpa-Liadli«, die Ernst Luther in Gnodstadt, Oberickelsheim, Geißlingen, Bergtshofen, Segnitz, Hüttenheim, Hellmitzheim und Rehweiler vor 1925 aufgezeichnet hat. Die Vier- und Sechszeiler stehen für sich, sind also keine Strophen eines Liedes.

Die Kärwa kummt

Die Kärwa it in Jahr amal,
i frä mi, wenn sie kummt,
weil alli Jahr mei Schootzerla
zo mir au uf Kärwa kummt.

*

Auf di Kärwa freu i mi,
da tanz i mit dr Bäueri,
die hat ann langa Schärzer ou,
da halt i mi drou ou.

*

Mädli, wann di Kärwe kummt,
na richt euch sauber her,
denn wenn'r gor sou schlampet kummt,
na möng mr euch nix mähr.

*

Anna-Miala, putz di schä,
welln aweng auf Kärwa gäh,
krieng mr wos, na schteck mersch ei,
krieng mr nix, na pfeuf mr nei.

*

Lauter lustige Borscha simmer,
lauter festi Lümmel,
saufa wie die Bürschtabinner,
kumma doch nein Himmel.

Heut it Kärwa,
morng it Kärwa,
übermorng it Batteltog,
tanzt der Vatter mit dr Motter
hinta droubn Taubaschlog.

*

Heut it Kärwa,
morng it Kärwa,
und di ganzi Wocha;
wenn der liebe Sunntog kummt,
hemmer nix zo kocha.
Kocht di Motter ann Epfelbrei,
steig mr mit'n Stiefel nei.

*

Aus its und gor its
und nix mer it drou,
waarsch lenger will howa,
strick Bendali nou.

Zum Tanz zu singen

Schneid Birnbaum, schneid Buxbaam,
schneid birabaami Lattn,
na kriegst aa ann schänna
Tanzboudn, ann glattn.

Hopsasa, heisasa
tanze die Bauera,
hemm sie ken sessa Moust,
trinke sie sauera.

*

Musikanta, spielt mr auf,
mir und meinera Schwarza,
wenn sie nix mr tanza kou,
fengt sie ou zo knarza.

Well mer no aweng tanza,
denn morga gätt die Musik fort,
na mess mer widder schanza,
ach du liewer Gott.

*

Etz tanz mer ann Runden rum,
na gämmer in die unter Stum,
unn schmässn Wiert zon fenster naus,
na semmer Herrn in Haus.

Musikante, mei Laba,
Musikante, mei Freud,
da hat mi mei Labtog
ka Kreuzer Gald gereut.

*

Musikante, Lumpagsindel,
gall, ihr wellt mein Kärwe-Bindel?
Wenn'r meent, bezohl mern euch,
ober etza no nit gleich.

*

Musikanta, spielt auf,
mir zohla brav aus,
mir gem euch'n Beutel,
as Gald dommer raus.

*

Etz gämmer schä staad
nach Haus, ja nach Haus
und lära dr Bäueri
ihrn Hutzelsook aus.
In dr Bäueri ihrn Hutzelsook,
da is ja nix drin
als lauter Dukatn
und silberi Ring.

Vom Schootzerla (Schätzchen) unn denna Börschla

Mir drei sinn drei Brüder
und ih bin der klönst,
hat jeder a Schatzerla,
und ih hob die schönst.

*

Unn ih i wouhn sou weit wack,
unn i ho sou weit haam,
unn i ho a schäs, blahaagets
Madla dahamm.

*

Ei Mädla, mi moßt liam –
i bin a Zimmermou,
i kou dr a Häusla baua
un a Stalla nou,
i kou dr a Wiegala schnitzel
un a Kindla nei –
ei Mädla, mi moust liam,
dir bleib i treu!

*

Ei Mädla, heier mi,
i bin a Bauernknecht,
i kann es Ackern
und es Mähe recht,
i mäh a Wiesla ganz
und brauch kan Wetzstaa niet,
und auch dr Senseworf
zerbricht mer niet.

Herzets Bärschla, du ghärscht mei,
du bist für mi gwachsa,
wie der Fisch in Boudesä,
wie der Flachs in Sachsa.

Ei Madla, sei nur nit so stoulz,
dei Schubkarrnrood it aa vo Houlz,
ja, wärsch ner erscht mit Silber bschlogn,
na wellt i gor nix song.

Fränkische Bauernhochzeit

Eugen Skasa-Weiß

Fränkisches Chinesisch

»Eines der Merkmale, das den Menschen vom Unmenschen abhebt, ist über alle Maßen fränkisch: die Ansprechbarkeit.
Wie jeder Ansprechbare hört der Franke zu; nur, das Dumme ist: Er spricht zurück. Dies in seiner Weise, mundartlich und nicht langsam. Ist er ein Schmarrer, dann schmarrt er. Ist er ein Sotterer, so sottert er; ein Knaunzer, so knaunzt er. Ist er eine alte Waafm, dann waaft er drauflos, ob altes Weib oder nicht.
Er braucht, als Pegnitz-Regnitz-Rezatfranke, a weng a Ansprach, a Ousproch. Er muß als Mainfranke sei Plauderamentla hawwe. Will dischkeriere. ›Ma redt halt‹, ist irgendwo mitten im Panfränkischen zur Welt gekommen, ganz spatzenhafte Unschuld. Mehr aufs Nürnbergerische zu, wenn man dem andern a paar saudumme Knallfröschla hingesabbert hat: ›I maan ja bloß . . .‹ Ist das Mundwerk nicht mehr zu bremsen, so kann es ins Patschen, Ratschen, Brotzln, Pfopfern, Pfrutschln, Belfern, Knelfm und Gackern abrutschen, als hätt's ›an Gensarsch gfressn‹. Wird es ›korzoubunde‹, so mißfällt ihm das Gegenüber.
Welche Grenzscheiden des Mundartlichen allein der Steigerwald bereithält, zeigt der Disput zwischen einem Sommerfrischler und dem Bürgermeister eines zur Aisch hin gelegenen Dörfchens. Bevor ich den Steigerwald durchkämmte, Bürgermeister, sagten die Leute: ›Dar Draack is weech.‹ Als ich auf der anderen Seite herauskam – ›Där Dräg is wäch.‹ Was ist da eigentlich richtig? – ›Där Dreeck ist waach‹, erwiderte der Bürgermeister, der sich bereits dem Standpunkt der Nürnberger näherte, bei denen ›waacher Dreeck‹ den Kindernamen ›Lebberi‹ trägt.
Zu Hause trug mir ›Lebberi‹ die erste Kopfnuß wegen Gewöhnlichkeit ein. Ich stand als einziger Enkel zwischen einem dominierenden österreichischen Großonkel und einem rheinischen Großvater, die beide – aus dem unterschiedlichsten Sprachgeschmack – hemmungsloses Nürnbergern mit Maulschellen unterdrückten. Drum zog mein argloser Aufschrei: ›Allmächtig, des Wassa läfft!‹ blitzschnell eine großväterliche Schelle nach sich, und kurz danach passierte mir dasselbe von seiten meines Großonkels – ich hatte ein Läuten an der Haustür mit der Pimpalawichtig-Meldung: ›Glitten hot's!‹ durch den Flur gebrüllt.
Mein Großonkel, vordem Direktor der jungen Isarwerke, war in dem, was man sagt und nicht sagt, eine gewaltige Autorität; für nürnbergerisches Sagen blieb in seinem Sortiment nicht der geringste Spielraum.

›Wenn es darum geht, der deutschen Sprache was anzutun‹, höre ich ihn raunzen, ›kennen diese Menschen keinen Pardon‹. Die sagen sogar ›Der is gscheit dumm‹, oder ›Gengas zou, bleibns no a weng!‹ Am Main babbeln sie: ›Der Christbaum is awwer abschaili schee herbutzt!‹
Nürnberg, das er liebte, hielt er für ein Schatz- und Raritätenkästchen ohnegleichen, das durch die rußigen Realitäten der aufdringlich darin hausenden und sprechenden Nürnberger laufend zuschanden gemacht wurde. Nürnberger Weltanschauungen wie ›Däi hams gout, däi kenna si alla Jar a Kind machn‹ oder Trivialkommentare zu unansehnlichen Speisen wie ›Des sicht aus, als hätt's scho aner im Mong g'habt‹ machten ihn nach mühsam unterdrücktem Lachen hintersinnig.

Denn daß die so veranlagten Nachfahren des Hans Sachs überhaupt den Mund auftaten und auch noch in welcher Weise, wurde von den Österreichern in meiner Familie in betrübten Tischgesprächen zerpflückt, die sich wie Verschwörungen anhörten. Lauschend und bisweilen leidtragend stand ich als Nürnberger Werkspion dazwischen. ›Närnbärch, wou di Hasn Hosn un di Hosn Húsn haßn‹ war ein katastrophaler Spaß, den mir mein Großonkel im Interesse meines späteren Fortkommens vom Leibe halten wollte.
Dabei war ich ein Päiterlasbou vom Wakkala- über das Zigarettenbärschla-Alter bis zum Abitur, tagaus, tagein von Lausern umgeben, in denen Gutmütigkeit und Bosnickelei wie Nürnberger Allerlei durcheinanderkollerten. Diesem Allerlei verdanke ich das Nachhaltige von Ausdrücken wie Gschmaß, Saafn und Gschwärl für Bagasch, zern für zünftig und ›Verroll di!‹ für ›Geh weg!‹, Schimpfwörter wie Saftheini, Seftl, Bläisla, Torkl, Kipf, Krawallstenz, Gischpl und Rachsau, modekritische Fachwörter wie schißmannsgräi für Schweinfurter Grün oder ›der ihr Hut hockt drom wäi 'naufgschissn‹; sozialkritische wie ›Drähtlaszäicher‹ für Elektriker oder ›Wer nix is und wer nix ko, geht zur Post und Eisabo‹, was wiederum meinem niederbayerischen Vater, damals königlicher Postinspektor, absolut mißfiel. Dermaßen wuchs ich notgedrungen zweisprachig und so weit durchtrieben auf, daß ich mein Nürnbergisch vor den familiären Unterdrückern und mein Österreichisch vor den Unterdrükkern zwischen Schule und Gasse nach Möglichkeit bei mir behielt.«

Fränkische Redensarten

Von Glück und Geld

»Je gröißer dr Strick, austa gröißer as Glück.«
(Das Glück begünstigt oft die Ausgekochten.)

»Desmal hatn 's Glück ausglasse.«
(Wenn ein Glückspilz mal daneben langt.)

»Bei däm häßts a: Gald, i ho di liab.«
(Anmerkung bei einer Geldheirat.)

»Dr Zwirn gät aus.«
(Das Geld ist verbraucht.)

»Wenn dr Mensch Uhglück ho söll, nacher zabrichtr 'n Finger innen Hirschbrei.«
(Wem Unglück bestimmt ist, der bricht den Finger im Hirsebrei.)

»Där is auf sein Vortl aus wia dr Teifl aufa Sääl.«
(Er ist scharf auf seinen Vorteil aus.)

»Ar werft di Wurscht nachn Säusack.«
(Er gibt was aus, um noch mehr zu bekommen. Säusack ist der Schwartemagen.)

»Du gläbst, da laffn di Gäns gebratn rümm.«
(Wer sein Glück außerhalb sucht, wird so angeredet.)

»s Gald wenn klappert, sall is di schöinste Musik.«
(Bargeld ist erwünscht, keine Schecks oder Wechsel.)

»Süst hat mer gsecht: Alles mit Gott – heintzetoch häßts: Alles mit Gald.«

Von den Angebern, Lügenbeutel und Vorlauten

»War A soch kann, kann vansthalber no lang ke Prädich halt.«

»Wenn där an sei erschta Lüch derstickt wär, wärer scho lang begrom.«

»Wenn där sei Lüchn bezohl kriaget, wärer der Reichst im Dorf.«

»Laß nurs Kälwle erscht auf di Welt kumm.«
(Man soll nichts voreilig bereden.)

»Laß dei Maul net so weit schpazirn geh, sunst kümmts nemmer hemm.«
(Um einen Aufschneider zurechtzuweisen.)

»Laß dei Maul zu, dann fliechtr a kei Mucke nei.«
(Zu einem Vielredner. Mucke ist die Stubenfliege.)

»Dar is gscheit: er höart di Muckn niassn unn di Flöa hustn.«
(Von einem besonders Gescheiten.)

»Dess it in salln Jahr gwa, wu sa den groassn Brand im Mee mit Stroawüsch glöscht hamm.«
(Zu einem Märchenerzähler.)

»Wenn mr sei Sach zuarch loubt, it gwis nit vil drou.«

»Gell, du bist verleicht ausn annern Täch?«
(Täch ist Teig. Zu einem, der sich für etwas Besseres hält.)

»Was dar gackert, hat ölles kee Händ unn kee Föß.«
(Er redet ohne Substanz.)

Einige Lebensregeln

»War lenger schläfft wia siewe Schtund, verschläfft sei Laam as wia Hund.«

»Kraut füllt di Haut, schwächt die Bee und mecht die Backe klee.«

»Wia mern Karrn schmiert, sou läfft'r.«

»Vom Hörnsachn unn Widdersachn werd manchn aufs Maul gschlochn.«

»E Trunk aufn hartn Ä (Ei) tuatn Bauch wäh; e Trunk aufn Zalat schadtn Doktr en Dukat.«

Fränkische Volkslieder

In vorletzter Stunde, kurz bevor die Spinnstuben entvölkert waren und Buchwissen das Gedächtnis der alten Leute verdrängte, da sammelten »Romantiker« was an Erzählungen, an Sagen, Märchen, Liedern und Balladen im »Volke« anonym weitergegeben wurde. Am bekanntesten wurden die Sammlungen der Brüder Jacob und Wilhelm Grimm, die nicht nur »Kinder- und Hausmärchen« aus dem Munde der Frau Viehmännin und anderer Gewährsleute nahmen, sondern auch eine riesige Sammlung von Dorfrechten, »Weistümer« genannt, anlegten. Daß erst gut 30 Jahre nach den Märchen auch die Volkslieder gesammelt wurden, hing wohl damit zusammen, daß von einer aufgeklärten und von der Technik begeisterten Generation die Märchen früher als Kinderkram und Aberglaube abgelehnt wur-

den als Lieder, die keine Absurditäten enthielten.
Gesammelt hat die Volkslieder Frankens der Freiherr Franz Wilhelm von Ditfurth, der, man mag das wieder typisch nennen, gar kein Franke war, sondern 1801 auf dem väterlichen Gute Denkersen bei Rinteln an der Weser geboren wurde. Nach der Gymnasialzeit in Rinteln hatte er in Marburg Rechtswissenschaft studiert, doch das Studium abgebrochen, um sich in Kassel ganz der Musik zu widmen. Als sein Bruder Georg das Gut Obertheres am Main gekauft hatte, vor der Säkularisation Besitz des Benediktinerklosters Theres, da zog er 1830 dorthin und blieb 25 Jahre in dieser zweiten Heimat. »Ich gewann bald die milde, schöne, reichgesegnete Gegend und ländliche Beschäftigung so lieb, daß ich länger dort gefesselt war, als ich zuerst beabsichtigte. Weinbau, Fischerei und Bienenzucht gewannen einen großen Reiz; zu gleicher Zeit eröffnete sich im dortigen Volksgesange ein so ergiebiges neues Feld, daß ich immer tiefer und emsiger in das Sammeln der Volkslieder geriet.«
Im Vorwort seiner zweibändigen Sammlung »Fränkische Volkslieder«, streng in geistliche und weltliche Lieder getrennt, bei Breitkopf & Härtel in Leipzig 1855 erschienen, hat er sein Vorgehen geschildert: »Seit vielen Jahren größtenteils unter einem der gesangslustigen deutschen Volksstämme, den Unterfranken wohnend, hatte der Herausgeber fast täglich Gelegenheit, den Liedergesang des Landvolkes zu beobachten. Gewöhnt an die Erzeugnisse der Kunst, gingen diese einfachen Naturlaute anfangs flüchtig und wenig beachtet an ihm vorüber; bald aber prägten sich unwillkürlich die edlen Weisen so tief ein, daß er ihnen, so wie ihren Worten, die vollste Aufmerksamkeit zuwandte, und durch öfteres Hören einen bedeutenden Teil erlernte, noch ehe er daran dachte, sie aufzuzeichnen. Mit der Aufzeichnung selbst aber trat ein immer weiteres Nachforschen zu Haus, in der Umgegend und in anderen Gauen des mittleren und südlichen Deutschlands ein, und so gestaltete sich mit der Zeit ein Schatz von weit über tausend in Wort und Weise verschiedenen Liedern, zu denen sich noch täglich neue gesellen. Aus diesem Materiale nun ging nachfolgende Sammlung bloß fränkischer Volkslieder hervor.«
Im Unterschied zur großartigen Sammlung »Des Knaben Wunderhorn«, die Achim von Arnim und Clemens Brentano 1806–1808 in Heidelberg herausgegeben hatten, bot Ditfurths Ertrag nicht nur durchgängig zweistimmige Weisen an, sondern beschränkte sich auf einen Stamm. Es ging ihm nicht so sehr um den poetischen Gehalt, sondern um das ganze Lied, in dem Text und Melodie eine un-

trennbare Verbindung eingegangen waren. Dabei konnte er eine vielhundertjährige Überlieferung nutzen, waren doch unter den geistlichen Liedern solche wie das Kilianslied (»Wir rufen an, den teuren Mann«), die schon ein halbes Jahrtausend überstanden hatten. Die zahlreichen Marienlieder und vielstrophigen Wallfahrtsgesänge sind nicht weiter verwunderlich, denn Ditfurth sammelte vor allem in Theres selbst und den überwiegend katholischen Landstrichen am Main zwischen Bamberg und Schweinfurt, im Steigerwaldvorland zwischen Haßfurt und Gerolzhofen, von den Haßbergen durchs Grabfeld bis zur Rhön hinüber. Jeden Fundort hat er treu vermerkt, so daß man heute noch seinen Spuren folgen kann.

Unter den weltlichen Liedern nehmen die Liebeslieder einen breiten Raum ein, darunter auffällig viele mit dem Thema der verschmähten, der verratenen oder verhinderten Liebe. »Ich hört' ein Sichlein rauschen« war das erste Lied, das der Sammler in Text und Melodie festhielt. Doch gab es kaum eine Situation, eine seelische Regung, die nicht in ein Lied Eingang gefunden hätte. Berufe und Gewerbe werden dargestellt, besonders reichhaltig der Abschnitt »Jäger- und Wildschützenlieder«, aber auch jüngere historische Ereignisse. Da stammen aus Theres zwölf Strophen »Rückzug aus der Champagne«, nach der Kanonade von Valmy 1792 geschrieben und im Liederbuch mit der Anmerkung versehen: »Die Maas Branntewein kostete einen Laubthaler und war dar nicht zu haben.« Der Einfall Jourdans 1796 in Franken wird ebenso besungen wie die Kanonade Würzburgs 1813, in 14 Strophen kommt ein recht boshaftes »Freudenlied« daher, als vier bayerische Regimenter, die 1815–18 in Lothringen einquartiert waren, in die Pfalz abgezogen wurden. Das hatten die Väter der befragten Sänger noch selbst erlebt.

Sie zum Singen zu bringen war nicht einfach, denn fränkische Volkslieder sind fast ausschließlich für den Gruppengesang gedacht, nicht für den Einzelvortrag. Sodann hatten die Burschen und Mädchen eine gewisse Scheu, einem vornehmen Niedersachsen ihre mitunter sentimentalen oder deftigen Strophen so lange vorzusingen, bis er sie fixiert hatte. »Dann aber sind diese Sänger im Ganzen scheu und zurückhaltend in Mitteilungen, indem sie leicht etwas im Hintergrund wähnen und sich damit verspottet glauben, da sie bei höher Gestellten auch bessere Lieder voraussetzen, als sie zu geben imstand seien.« Er mußte ihr Vertrauen gewinnen. »Hat man diese Schwierigkeiten überwunden, so ist dann der Reichtum an solchen Liedern auch erstaunlich groß. Der Herausgeber traf in Franken viele Sängerinnen, die weit über hundert vollständig

auswendig wußten. Die große Gewalt der Melodie über das Gedächtnis macht dies begreiflich, sowie die geringe Zersplitterung desselben durch andere Gegenstände dieses Wissens.«
Die Zersplitterung nahm von Generation zu Generation zu, die Spinnstuben waren längst geschlossen, in den Gasthäusern ließ man zur Kirwe aufspielen, sang selbst nicht mehr, doch gingen von Ditfurths 400 weltlichen Liedern die ausdrucksstärksten in den »Zupfgeigenhansl« und andere Liederbücher der Jugendbewegung nach der Jahrhundertwende ein. Daß nicht nur Jugendliche den Schatz hoben, zeigte ein Bürgermeister in der Rhön 1901, der beim Bau der örtlichen Wasserleitung die Wette einging, acht Tage lang während der Brotzeit und während des Mittag- und Abendessens fränkische Lieder zu singen, ohne sich zu wiederholen. Er gewann die Wette um ein Faß Bier. Heute gibt es zahlreiche kleine Sängergruppen, oft von Volksschullehrern gegründet oder betreut, die sich dem fränkischen Volkslied widmen, die nicht nur aus Ditfurths Sammlung, sondern auch aus »Nachlesen« stammen, die in Landschaften gehalten wurden, die der Freiherr nicht besucht hatte. Den originellsten Titel »Vo-Li-Sa« trägt die »Sammlung alter und neuer deutscher Volkslieder und Weisen des Odenwaldes, Spessarts, der Rhön und des Frankenlandes«, die K. J. Scheuring 1932 im Ma-Mä-Mee-Main-Verlag Aschaffenburg herausbrachte.
Und noch etwas stiftete Ditfurth. Er bestärkte den Freiherrn August von Haxthausen auf Schloß Bökeldorf in Westfalen darin, westfälische Volkslieder zu sammeln und nach seiner Methode zu verzeichnen.

Victor von Scheffel

Das Frankenlied

»Wohlauf, die Luft geht frisch und rein;
wer lange sitzt, muß rosten;
den allersonnigsten Sonnenschein
läßt uns der Himmel kosten.
Jetzt reicht mir Stab und Ordenskleid
der fahrenden Scholaren,
ich will zu guter Sommerszeit
ins Land der Franken fahren!
Valleri, vallera, valleri, vallera,
ins Land der Franken fahren!

Der Wald steht grün, die Jagd geht gut,
schwer ist das Korn geraten;
sie können auf des Maines Flut
die Schiffe kaum verladen.
Bald hebt sich auch das Herbsten an,
die Kelter harrt des Weines;
der Winzer Schutzherr Kilian
beschert uns etwas Feines.

Valleri, vallera, valleri, vallera,
beschert uns etwas Feines.

Wallfahrer ziehen durch das Tal
mit fliegenden Standarten;
hell grüßt ihr doppelter Choral
den weiten Gottesgarten.
Wie gerne wär' ich mitgewallt,
ihr Pfarr' wollt mich nicht haben!
So muß ich seitwärts durch den Wald
als räudig Schäflein traben!
Valleri, vallera, valleri, vallera,
als räudig Schäflein traben.

Zum heil'gen Veit von Staffelstein
komm' ich emporgestiegen
und seh' die Lande um den Main
zu meinen Füßen liegen.
Von Bamberg bis zum Grabfeldgau
umrahmen Berg und Hügel
die breite, stromdurchglänzte Au,
ich wollt', mir wüchsen Flügel!
Valleri, vallera, valleri, vallera,
ich wollt', mir wüchsen Flügel!

Einsiedelmann ist nicht zu Haus,
dieweil es Zeit zu mähen;
ich seh' ihn an der Halde draus
bei einer Schnitt'rin stehen.
Verfahrener Schüler Stoßgebet
heißt: Herr gib uns zu trinken!
Doch wer bei schöner Schnitt'rin steht,
dem mag man lange winken.
Valleri, vallera, valleri, vallera,
dem mag man lange winken.

Einsiedel, das war mißgetan,
daß du dich hubst von hinnen!
Es liegt, ich seh's dem Keller an,
ein guter Jahrgang drinnen.
Hoiho! die Pforten brech' ich ein
und trinke, was ich finde.
Du heiliger Veit von Staffelstein,
verzeih mir Durst und Sünde!
Valleri, vallera, valleri, vallera,
verzeih mir Durst und Sünde!«

Das Frankenlied stammt aus dem Kommersbuch

Das »Frankenlied«, das bei allen Veranstaltungen gesungen wird, wo es fränkische Eigenständigkeit darzustellen gilt, ist keine Auftragsarbeit etwa des »Frankenbundes« gewesen, der erst 1920 gegründet wurde. Der Text wurde, und manche überprozentige Franken halten dies immer noch für einen Webfehler, nicht von einem Franken, sondern von Joseph Victor (von) Scheffel aus Karlsruhe gedichtet. Er hatte schon mancherlei versucht, war in Italien als Maler gescheitert, hatte die einträgliche und ruhige Stellung als Bibliothekar des Fürsten von Fürstenberg

zu Donaueschingen aufgegeben, schließlich die Mitredaktion der Landeskunde »Bavaria« in München zugunsten seines Freundes Felix Dahn niedergelegt, war für drei Monate im Sommer 1859 nach Schloß Banz gezogen, um bei Wein, Dichtung und Wanderungen seine bedrückende Melancholie zu bekämpfen.
Damals schrieb er die Strophen dieses Wanderliedes, die er unter dem Titel »Frankenfahrt« seiner Sammlung »Gaudeamus« einverleibte. Die frische und bewegende Melodie schrieb Valentin Eduard Becker, seines Amtes Stadtkämmerer von Würzburg, der Sohn eines Chordirigenten an Stift Haug dortselbst. Nun wurde die »Frankenfahrt« ins »Allgemeine deutsche Kommersbuch« übernommen und bald zu den Klängen der Bierorgel auf den Kneipen zu Bonn und Göttingen, zu Heidelberg und Tübingen gesungen. So mancher »Alte Herr« aus Hamburg oder Braunschweig, Kaiserslautern oder Apolda, der zum Stiftungsfest nach Erlangen oder Würzburg kam, mag sich gewundert haben, daß dieses Lied zwar in seiner Korporation mit Schleifen und Zwischentexten gesungen wurde, den Franken ringsum aber unbekannt war. Abhilfe schufen da erst die Wandervögel und der schon genannte »Frankenbund«.

Scheffel gelang zudem in der zweiten Strophe etwas Ungewöhnliches. Er verschaffte den Häckern (Winzern) Frankens einen neuen Schutzpatron. Während sie über ein Jahrtausend den heiligen Urban, den Papst, als ihren Beschützer angerufen hatten, damit er die Maifröste, Dauerregen und Mißwachs von ihnen wende, erfuhren sie jetzt, daß der heilige Kilian, der irische Wanderbischof, ihr Schutzherr sei. Er war bisher nur Patron des Bistums Würzburg gewesen, da er und seine Begleiter Kolonat und Totnan der Überlieferung nach 689 in Würzburg enthauptet worden waren. Durchgesetzt hat sich der »Winzerschutzherr Kilian« nur in einigen Weinstuben. In den Weinnestern und ihrer Flur waltet weiterhin der heilige Urban, die Tiara auf dem Haupt.

Fränkische Trachten

So vielfältig wie die fränkischen Landschaften waren auch die Trachten, die als Arbeitskleidung wie als Festtagsgewand getragen wurden. So manche Mode des tonangebenden Adels wie die Haube (Schappl) oder des vordringenden Bürgertums wie Schnallenschuhe oder das Fürtuch (Fichu) hat sich in der bäuerlichen Tracht erhalten. Bis etwa zur Auflösung des Alten Reiches hin gingen die Stände in ihrer Kleidung städtischen Zuschnittes der Landbevölkerung nur wenig

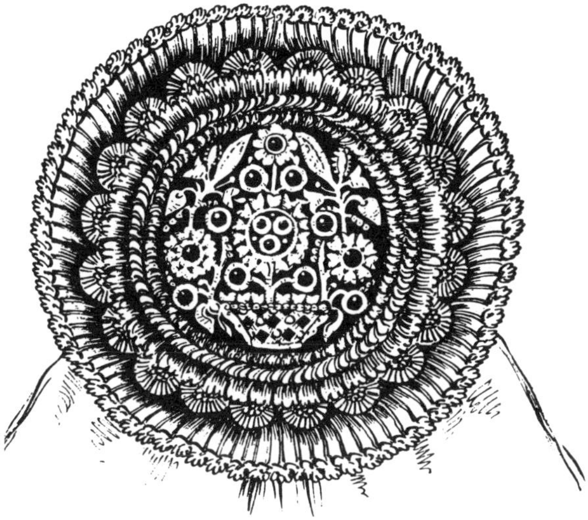

Haubenboden in Goldstickerei

voraus. Erst mit der Begeisterung für den griechischen Stil im Empire, also während der napoleonischen Diktatur, endete die Übernahme städtischer Modedetails in die ländliche Tracht abrupt, denn die Mode des Empire war sittlich anstößig, betonte die weiblichen Körperformen in einer Art, die in den streng katholischen wie streng evangelischen Gemeinden nicht aufgegriffen werden durfte. Die Trachten, die heute noch im Mistelgau, im Knoblauchsland nördlich Nürnberg, im Forchheimer Land, im Ochsenfurter und Schweinfurter Gau mit Mittelpunkt in Geldersheim und einigen Orten mit zäher Tradition wie Effeltrich gelegentlich getragen werden, halten den Zustand um 1800 fest.

Daß sich in der Tracht durch Jahrhunderte wenig änderte, liegt nicht so sehr an der konservativen Einstellung der Bevölkerung, sondern vor allem an den detaillierten Kleiderordnungen, die vor allem in den protestantischen Gegenden, den Reichsstädten zumal, genau befolgt wurden, war die Übertretung doch mit Ehren- und Geldstrafen belegt. In der Reichsstadt Schweinfurt etwa gab es vier Bekleidungsklassen, wobei der ersten, zu der die Pastoren und Doktoren zählten, allein Pelzverbrämung der Mäntel vorbehalten war. Aber auch im kleinsten Ort war der Standesunterschied an der Tracht abzulesen, so durften Saum und Bänder der Schürze bei einer Magd nur halb so breit sein wie die einer Bäuerin. Je reicher ein Bauer war, desto teurer waren die Stoffe, die er für seine Gewandung, vor allem für die Tracht seiner Frau einkaufte, die allerdings das gediegene Stück zumeist ein Leben lang an den Festtagen trug. Im Ochsenfurter Gau trug man die reichste Frauentracht, weil nicht nur die Bodengüte für stattliche Erträge sorgte, sondern weil strenges Erstgeburtsrecht herrschte. Hier wurden keine Grundstücke in immer kleinere Streifen zerlegt und an die Geschwister ausgeteilt, sondern die Miterben wurden ausgezahlt oder als Arbeitskräfte in den Haushalt des Hoferben übernommen. Dabei konnte man nicht nur mit dem Material protzen, sondern auch mit der Zahl der Unterröcke, bis zu fünf im Ochsenfurter Gau, zeigen, daß man »sai Gerschtle« (seine Gerste, sein Geld) beisammen hatte. Die Feiertagstracht der Frauen im Ochsenfurter Gau kostete um 1900 bereits 500 Goldmark, ist heute mit allem Zubehör nicht unter 3–4000 DM zu haben. Selbst die schlichtere Schweinfurter und Geldersheimer Tracht war um 1900 nicht unter 180 Goldmark zu haben. Das entsprach sieben Wochenlöhnen eines Maurers. Daher übernahm manchmal die Tochter die abgelegte Tracht der Mutter.

Die Mutter mußte auf die festliche, farbenfreudige Tracht verzichten, wenn sie Witwe wurde, denn jetzt hatte Schwarz vorzuherrschen; in manchen Gebieten durften schwarze und weiße Kleider getragen werden. An der Tracht war der Personenstand abzulesen. Bis in die zweite Hälfte des 19. Jahrhunderts durfte nur die verheiratete Bäuerin die Haube tragen, die ledigen Mädchen trugen einen Jungfernkranz im Haar, der als schmuckvoller Brautkranz bei der Hochzeit zum letzten Mal getragen wurde. Vorbei waren allerdings schon die Zeiten, wo laut einer Nürnberger Ordnung von 1582 Braut und Bräutigam, die schon vor der Trauung intim geworden waren, einen Strohkranz bei der Hochzeit zu tragen hatten. Später konnte die Braut durch eine Geldspende an die unverheirateten Burschen den Strohkranz ablösen. Noch vor 20 Jahren weigerten sich katholische Ortsgeistliche, eine Braut im weißen Kleid zu trauen, von der voreheliche Beziehungen bekannt waren.

In Gegenden, in denen man sparen mußte, so auf der Rhön, im Steigerwald und am Obermain, da mußte man Flachs oder Schafwolle selbst verarbeiten. In den Spinnstuben allerdings sang man nicht nur Volkslieder und tauschte Nachrichten aus, sondern hatte in den Burschen des Ortes auch die künftigen Liebhaber und Ehemänner neben sich. Der Unfug muß da so überhand genommen haben im »oberländischen Kirchensprengel«, daß Franz Ludwig von Erthal, Fürstbischof von Bamberg und Würzburg, die Spinn- und Rockenstuben nur noch für Blutsverwandte zuließ, den Besuch von Jugendlichen beiderlei Geschlechts aber verbot.

Beim Einfärben der Stoffe konnte man mitunter auf billige Materialien zurückgreifen. So wurden die Bratenröcke mit Heidelbeersaft blau eingefärbt, bis billiges Indigo hereinkam, oder Männerstrümpfe im Herbst mit den grünen Schalen der Walnuß eingerieben.

Daß fränkische Trachten im 19. Jahrhundert bis auf wenige Inseln zurückgedrängt wurden, lag nicht nur an den großen Ausgaben für die »Staatstrachten«. Seit der Aufhebung der Kontinentalsperre 1813 strömten billige Tuche aus England auch nach Franken und ersetzten die Arbeitstracht, schließlich die Feiertagstracht der Männer. Die mit den englischen Fabriken im harten Wettbewerb stehenden schlesischen und niederrheinischen Webereien versuchten mit Dumpingpreisen die heimischen Märkte zu halten und noch billiger ihre Massenware abzusetzen. Dazu kam, daß seit der Jahrhundertmitte die nachgeborenen Bauernsöhne und die Töchter der Kleinbauern, die in »die Stadt« als Arbeiter und Dienstboten gezogen waren, schleunigst ihre Tracht abgelegt hatten, weil sie unbequem war und sie ihretwegen verlacht wurden. So manche Dienstherrschaft litt keinen »muffigen Plunder« bei den Hausangestellten. Kamen diese schlicht, aber städtisch Gekleideten zu den Festtagen ins Heimatdorf zurück, so wurden sie beneidet und nachgeahmt. Man wollte nicht auffallen in der Stadt, wohin man zu Messen, Märkten und Großeinkauf nach der Ernte kam.

Um die Jahrhundertwende trat der Vorwurf mangelnder Hygiene dazu. Die in Tracht gekleideten Frauen stöhnten unter dem Gewicht der Kleidung und schwitzten beträchtlich bei den sommerlichen Kirchgängen und Festen. Bei der Ochsenfurter Tracht mußte auch sommers ein wattierter Unterrock getragen werden, damit das Kleid »starzte«, also weit abstand. »Je weiter, je mehr hammse«, so lautete die Definition der durch Unterröcke angezeigten Wohlhabenheit. Befremdend war auch der Geruch, der dem Haaraufbau der Ochsenfurterinnen entströmte, denn das lange Haar wurde in stundenlanger Arbeit zu schmalen kleinen Zöpfchen geflochten, wobei, um die Strähnen geschmeidig zu halten, Butter eingeschmiert wurde, die unter der Sonne ranzig wurde. Für den Tanzboden hatte man schon eine leichtere Tanztracht entwickelt.

Den letzten Stoß versetzte der Tracht aber die schwindende Gelegenheit, sie vorzuführen. Die große Zahl der kirchlichen Feste und Feiertage war bereits in der Aufklärung in katholischen wie evangelischen Gebieten reduziert worden und wurde bis auf 14 in unseren Tagen beschnitten. Josef (19. 3.), Peter und Paul (29. 6.) und Maria Empfängnis (8. 12.) fielen in Bayern erst in den letzten 20 Jahren der Schere zum Opfer. Da Unterhaltung und Abwechslung, auch die Brautschau in die Städte verlegt wurden, trägt die Jugend das, was gerade Mode ist. Trachten gab es lange nur in den Rückzugsgebieten und in Museen. Im germanischen Nationalmuseum zu Nürnberg, im Museum zu Feuchtwangen, in der Volkskundeabteilung des Mainfränkischen Museums, in vielen Heimatmuseen, zuletzt in

Fladungen und Münnerstadt, bemühte man sich, die Vielfalt fränkischer Trachten zu erhalten und vorzuzeigen.

Bauer aus der Bamberger Gegend

Schon in den Fünfzigerjahren begann eine Gegenbewegung. An die alten Vorbilder angelehnt, wurde eine bequeme, kleidsame und farbenfrohe Tracht »erneuert«. In einzelnen Orten wie Aschfeld oder Geldersheim genierten sich Mädchen und Burschen nicht länger, in Kniebundhosen und Dreimaster, in geblümten Röcken und Mieder bei Kirchgang und Dorffesten aufzutreten. Typisch fränkisch an dieser langsam, aber stetig umsichgreifenden Bewegung ist, daß man keine Einheitstracht geschaffen hat oder wenige Modelle zur Auswahl, sondern die vielfarbige Palette wieder aufgefrischt hat. Auf so feine Unterschiede wie Halbtrauerfarbe (glänzendes Schwarz) und Abtrauerfarbe (Blau oder Violett) wird längst verzichtet, und man gesteht rote Röcke, Zeichen von Jugend und Freude, nicht nur den jungen Mädchen zu. Die erneuerte Tracht ist kein Abzeichen von Vermögen, Personenstand und Alter mehr, sondern ein Bekenntnis zu seiner Herkunft, zur Heimatgemeinde und ein Widerwille gegen modische Gleichmacherei.

Fränkische Trachten in München

Gottlob kann man noch keine alten oder erneuerten Trachten in Modegeschäften erstehen wie etwa Schlierseer oder Salzburger Dirndl. Wer in München sich an Werktagen an Heroldsbacher Tracht erfreuen will, muß sich in die Fußgängerzone bemühen, wo an die 15 »Krenweiberl« (Meerrettichverkäuferinnen) aus dem Ort nahe Forchheim den Meerrettich in Stangen oder Gläsern anbieten. Vor 50 Jahren waren sie noch eine Hundert-

schaft, die in die Münchner Stadtviertel ausschwärmte, um den gesundheitsfördernden Kren der Stammkundschaft ins Haus zu bringen. Die wollte ihn mit oder ohne Sahne zum Tellerfleisch, zum gekochten Rindfleisch, nicht missen. Geblieben ist das gute Dutzend Frauen in ihrer farbenfrohen Tracht, die zwischen Stachus und Marienplatz außer Kren noch zwanzig Sorten Tee und Kräuter anbieten, die aus Arm- und Huckelkorb duften. Das meiste haben sie im eigenen Garten gezogen, im Speicher getrocknet und dann abgepackt. Am gefragtesten sind Kümmel, Majoran und Thymian.
Haben sie ihre Ware verkauft, fahren sie nach Heroldsbach zurück, während die Schwester, Schwägerin oder Nichte mit dem Nachschub Posten bezieht. Mit ihr bewohnt man umschichtig das gemeinsam gemietete Zimmer, steht wie sie jede zweite Woche von halb neun Uhr früh bis fünf Uhr abends bei Regen und Schnee auf dem harten Pflaster. Das älteste Krenweiberl ist immerhin schon 76 Jahre alt und davon über 40 Jahre in München tätig. Manche könnte mit dem Verdienst des Mannes oder ihrer Kinder zu Hause zurecht kommen, aber so langt es besser hinaus und von der Welt sehen sie auch etwas. Ob sie das nicht stört, in der Tracht begafft zu werden, die ja kein Dirndl ist? Die Leute dürfen wissen, daß wir aus Franken sind. Arbeit ist keine Schande.

Nikolaus Fey

In Tracht

»Die Straß'n kummt a Mädla rauf,
in Flachshaar liegt die Sunna drauf,
en seidin Rouck und Schörz hat's üm
und Schüahli von Stramin.

Sei Mied'rla it Goldbrokat,
es Schult'rtuach flammt feuerroat,
die Franz'n drou, die tropfen fein
wie Raang in Sunnaschein.

Es Röckla wiegt si üm die Bee.
Zum Streich'ln is des Mädla schöä:
Es Göschla Laam, es G'sichtla hall.
Sou eens möcht ich amal.

Und wenn i's aa als Fraa nit krieg,
nein Arm nahm möcht i's, tanz und flieg
und hätt i's örscht, na wöllt i's halt
bis nou zun End der Walt.«

Das fränkische Fachwerk

Maßgebend für die Verbreitung des Fachwerks war der Bestand an altem und gutem Eichenbauholz. Da die Eiche nur im wärmeren Klima und auf fruchtbarem Boden gedeiht, war sie in Westdeutschland zu Hause, mied aber die höheren Lagen. Das Kerngebiet der großen Eichenbestände war das Rhein-Main-Gebiet bis hin zum Steigerwald, wo sie heute noch den Nordwest-Sektor bewohnt. Der Westrand des Fichtelgebirges, des Fränkischen und Schwäbischen Jura ist eine scharfe Grenze für den Eichenwuchs, von kleinen Inseln abgesehen. Diese Linie begrenzt auch den Bestand am reichgegliederten Fachwerkbau. Ursprünglich waren die Eichenbestände wesentlich größer als heute, wurden aber durch Rodungen stark dezimiert, denn die Eiche steht auf fruchtbarem Boden. Der 30jährige und der 7jährige Krieg vernichteten große Eichenhaine, die entweder für die Biwakfeuer oder den Wiederaufbau geholzt wurden. Schließlich wurden statt der langsam wachsenden Eiche nur noch schnell wachsende Fichten nachgepflanzt, um eher zu Erträgen zu kommen. Selbst im eichenreichen Spessart sank der Anteil der Eichen seit 1770 auf 10%, stieg der Fichtenanteil auf 25% des Bestandes.

Die Fachwerkbauten in den Gebieten des Eichenhochwaldes zeigen nun besondere Formen in den drei Stammesgebieten der Schwaben, Franken und Sachsen. Diese Unterscheidung gilt allerdings nicht für das 14. und frühe 15. Jahrhundert, weil es da außerhalb Frankens und Oberhessens keine so alten Fachwerke gab. Zu Ausgang des Mittelalters, als in Schwaben und Sachsen-Thüringen eigene Formen sichtbar werden, ging man in Franken-Oberhessen von der Einzelverstrebung der Pfosten ab und zur Wandverstrebung über, hob die Eck- und Bundpfosten kräftig gegenüber den Zwischenpfosten hervor und zerlegte die Wände nach der Inneneinteilung des Hauses. Während das sächsische Fachwerk mit der gleichmäßigen Reihung der Pfosten und der Betonung der Balkenköpfe lange starr bleibt, geht das fränkische Fachwerk um 1600 zur hohen Wandverstrebung und zur Gruppenbildung über, worin ihm das schwäbische folgt. Nach einer Übergangszeit, in der das fränkische Fachwerk die Unabhängigkeit der Pfostenabstände von denen der Balken gewonnen hat, wird die sächsische Fensterordnung übernommen, die dann auch ins schwäbische vordringt. Die weiten Abstände werden nun mit Zwischenpfosten gefüllt, die, etwas Fantasie vorausgesetzt, die Form eines (wilden) »Mannes« zeigen.

Kein Fachwerk in Franken und Oberhessen gleicht dem anderen. Dafür sorgte schon der zeitliche Abstand der Bauten und der Pfostenabstand. Er ist abhängig von der Art der Füllung der Gefache, also vom Baustoff, den die Landschaft billig hergibt. In Sachsen kennt man außerhalb der Städte nur rechteckige Gefache, weil sich nur die fürs Ausmauern mit Backsteinen eignen. In Schwaben und im südli-

Pfarrhaus im Roßtal

chen Schwarzwald bis zum Bodensee stehen die Ständer im weiten Abstand, weil die zwischen ihnen waagrecht liegenden langen Bohlen dies bedingten. Auch als man in der Neuzeit die Gefache nicht mehr mit Bohlen füllte, wurde der weite Abstand beibehalten. In Franken wurden die Gefache seit jeher und bis ins 19. Jahrhundert mit Staakung geschlossen, einem Flechtwerk aus eichenen Knüppeln und Weidenruten, das beidseits mit Lehm beworfen wurde. Dieses Flechtwerk bedingte einen geringeren Abstand der Hölzer, die allerdings auch schräg oder gekrümmt sein konnten, »was dem beweglichen Sinn der Franken entgegenkommt« (Heinrich Walbe). Wo es, wie im Schwarzwald und in den Alpen, keinen Lehm für Backsteine oder die Staakung gab, mußte man durchwegs Holz zum Block- oder Bohlenständerbau verwenden.

So mancher Fachwerkbau wurde im vorigen Jahrhundert beseitigt, oft durch Häuser mit verputzten Backsteinfassaden ersetzt, weil die Feuersgefahr in den engen Gassen bei dem trockenen Flechtwerk recht groß war. Straßendurchbrüche und der Hang zur Repräsentation verlangten weitere Abbrüche. Trotzdem finden sich in vielen Städtchen Frankens noch sehenswerte Fachwerkbauten, ganze Straßenzüge in Miltenberg (Schnatterloch), Rothenburg und Wolframs-Eschenbach, um die bekanntesten zu nennen.

Fränkische Fachwerktypen

Kleine Museen – eine fränkische Spezialität

Franken kennt auch große Museen, wahre Rüstkammern seiner Vergangenheit, aber das Besondere sind die etwa 55 kleinen und kleinsten Museen, die so recht dem fränkischen Hang zum Detail und zum Aparten entsprechen. Reichhaltigkeit findet der Besucher im Germanischen Nationalmuseum zu Nürnberg, dessen Grundstock der Freiherr Hans von und zu Aufseß 1852 legte, so recht für tagelange ergiebige Besuche geeignet. Auf der Festung Marienberg ist seit 1946 das der Stadt Würzburg gehörige »Mainfränkische Museum« untergebracht, dessen Riemenschneider-Saal internationalen Ruf genießt. Auf der Veste Coburg sind die Kunstsammlungen der 1919 errichteten Coburger Landesstiftung vereinigt, all die Gläser und Pokale, Prunkwagen und Schlitten, aber auch die einmalige Sammlung von 300000 Blatt Graphik. Im Schloß Johannisburg zu Aschaffenburg erwartet Sie in der Galerie ein schöner Bestand von Bildern des Lucas Cranach und seiner Schule. So könnte man weiterfahren und die Filialgalerien der Bayerischen Staatsgemäldesammlungen in Ansbach, Bayreuth, in Bamberg, Coburg und Würzburg schildern, aber die »Kleinen« haben es uns angetan.

Weit in die Vorzeit zurück versetzt uns das »Petrefakten-Museum« des Solenhofener Aktienvereins auf dem Maxberg bei Solnhofen, das fast 600 Arten von Wasser- und Landtieren als Versteinerungen aufbewahrt, die in den 30–40 Meter mächtigen Lithographieschieferschichten der Brüche des Maxberges gefunden wurden. Ergänzt wird der Eindruck durch die Exponate, die im »Bürgermeister-Müller-Museum« im Erdgeschoß des Rathauses Solnhofen und im »Jura-Museum« auf der Willibaldsburg ob Eichstätt ausgestellt sind.

Nicht ganz so weit zurück führen uns die Bauernhofmuseen, von denen das jüngste das erst 1976 in Kleinlosnitz bei Münchberg in Oberfranken eröffnete ist. Der Hof Dietel liegt, von hohen Bäumen fast verdeckt, auf einem sanft geneigten Hang gegenüber dem Waldstein. Der Vierseithof, der seit 1790/91 unverändert erhalten geblieben ist, besitzt noch das mit den gewölbten Ställen kombinierte Wohnhaus mit dem mächtigen Ofen in der großen Stube, dem breiten Gang aus Granitplatten vor dem Haus, dann die verbretterte Scheune, den Holzschupfen und das bretterne Torhaus. Ein ganzes Ensemble aus Bauernhäusern wird zur Zeit in Bad Windsheim aufgebaut aus Fachwerkhäusern, die man vor dem Abbruch dorthin rettet. Sogar ein Wirtshaus steht schon im »Freilichtmuseum«, das noch im Wachsen begriffen ist.

In Hersbruck östlich Nürnberg steht das einzige »Hirtenmuseum« der Welt, das nicht nur wertvolle Stücke aus Franken und Thüringen birgt, sondern auch Geschenke aus Spanien, Afrika und Südamerika bewahrt. In zwei Vitrinen ist auch der Nachlaß Dr. Konrad Hörmanns, des Museumsgründers, aufgestellt. Ob es um die gesammelten Hirtenrufe oder die 400 Schellenbögen geht, alles, was Hirten anlangte, ist hier gesammelt, so die kunstvoll verzierten Stecken und Peitschen, Manghölzer und Pfeifenköpfe, aber auch »Kurierbücher« für Mensch und Tier, Aderlaßeisen und Mittel zur Bekämpfung von Hexen und Druden. Da es noch Schäfer auf dem Jura und anderwärts gibt, wird hier nicht nur ein Blick in die Vergangenheit geboten, sondern auch ein gegenwärtiges Handwerk gezeigt.

In Lichtenfels am oberen Main, dem Zentrum der Korbwarenindustrie, wird in einem Korbflechtermuseum gezeigt, was alles an Formen und Techniken hier entwikkelt wurde. Nicht nur die Schüler der staatlichen Fachschule für Korbflechterei interessieren sich für die Gebilde aus biegsamen Weidenästchen, die auf zahlreichen Weidenbäumen am dahinschlän-

gelnden Main und seinen Zubringern wachsen.
Aus Weiden und Eichenknüppeln flocht man die Staakung der Fachwerkhäuser, die, einmal in Brand geraten, zur Gefahr all der enggebauten Orte und Städtchen wurden, zumal die Speicher Stroh und Schürholz bargen, auch wenn das immer wieder verboten und mit Strafe belegt wurde. Wie man dem Feuer einst mit Patsche und Beil, mit Wassereimer und Kübelspritze wehrte, hat Alfred Gauckler in Bad Mergentheim mühsam zusammengetragen und, unterstützt durch Gaben zahl-

Wirtshaus »Krone«. Freilichtmuseum bei Bad Windsheim

reicher Wehren, im ehemaligen Wasserschloß Waldmannshofen östlich Creglingen ausgestellt. Prunkstück ist eine Leihgabe des Germanischen Nationalmuseums Nürnberg, eine Feuerspritze aus dem 18. Jahrhundert, an deren verlängertem Baum acht bis zehn kräftige Männer pumpen mußten. Unter den Motorfahrzeugen fällt auf der Werkfeuerwehrwagen der Fa. Kolb & Schüle zu Kirchheim/Teck, Typ LF 20 mit Rechtslenkung.

Im nahen Rothenburg hat die »Historische Sammlung mittelalterlicher Rechtspflege«, kurz Kriminalmuseum geheißen, in einem Barockbau der Burggasse Unterkunft gefunden. Christoph Hinckeldey, der Gründer dieser einmaligen Einrichtung, wollte aber nicht nur Folterwerkzeuge ausstellen, damit sich die Besucher so recht vor Daumenschrauben, Mundbirne, Hexenstuhl oder Richtblock grausen können, sondern wollte mit Protokollen, Gesetzesbüchern, kaiserlichen Dekreten, mit Dokumenten und Gutachten zeigen, wie vordem die Rechtspflege ausgeübt und entwickelt wurde. Es kam ihm auf eine wissenschaftlich fundierte und kulturgeschichtlich wertvolle Sammlung, nicht auf die Requisiten des Grauens an.

Noch zerbrechlicher als Menschenknochen ist Glas. Hans Löber, der wie manche Glasarbeiter aus Thüringen nach Wertheim kam und dort die Glasindustrie mitbegründete, hat in einem schönen Fachwerkhaus an der Straße nach Bronnbach ein Glasmuseum eingerichtet. In zahlreichen, teils nachgeblasenen Stücken wird die Technologie des Glases von der Pharaonenzeit bis in die Gegenwart vorgewiesen. Wechselnde Ausstellungen präsentieren Glaskunst unserer Tage.

Wem diese Kostproben und viele andere Kleinmuseen zu ernst sind, der sollte es mal mit dem Fasnachtsmuseum in Kitzingen versuchen. Aller Mummenschanz, Pritschen und Masken, Kostüme und Orden werden ihm im Falterturm gezeigt, der sich mit seinem schiefen Turmhelm selbst als ein rechter Narr gibt. Die Legende, er wäre so schief ausgefallen, weil die Maurer Wein statt Wasser zum Anrühren des Mörtels genommen hätten, kann schon deswegen nicht stimmen, weil der Dachstuhl die Schräglage besitzt, nicht das Mauerwerk.

Den Franken schickt er in die Welt

In jedem Jahrhundert seit dem 11. war Franken überbevölkert, warteten nachgeborene Ritter- und Bauernsöhne, warteten Handwerker und auch Hörige darauf, aus der Enge herauszukommen, wo Schmalhans Küchenmeister und Biegenot der Lehrer war. Den Schwaben, Hessen und Pfälzern ging es später nicht anders, auch sie mußten sich in der Fremde umtun, das 17. Jahrhundert ausgenommen, denn da sorgten die Mörderbanden des 30jährigen Krieges samt eingeschleppten Seuchen dafür, daß von drei Franken nur einer am Leben blieb.

Die ersten Zuwanderer rief der Babenberger Luitpold, der von Melk aus, das er zwischen 985 und 987 den Ungarn entrissen hatte, seine Ostmark bis zum Wienerwald besiedelte. Da der wiedereroberte Grund und Boden dem König gehörte, stattete er baierische und fränkische Adelige mit Lehen aus, damit er genug Verteidiger gewinne. Er beteiligte aber auch, um genügend Kolonisten zu bekommen, die Bistümer Salzburg, Passau, Regensburg und das erst 1007 von Kaiser Heinrich II., dem Heiligen, gegründete Bistum Bamberg. Die fränkischen Kolonisten, in der Regel abhängige Bauern geistlicher und weltlicher Herren, siedelten nur im Wald- und Weinviertel des heutigen Niederösterreich östlich der Traisen bis hin zur ungarischen Grenze. Sie brachten den Weinbau mit in die Wachau.

Ein kräftiger Strom überzähliger Franken folgt ab etwa 1084 dem Ruf des Grafen Wiprecht von Groitzsch, eines Adeligen aus der Altmark, in sein frischerworbenes Ländchen in Obersachsen. Mittelpunkt dieser Herrschaft südlich und östlich Leipzig war die Burg Groitzsch mit der gleichnamigen, von Franken angelegten Stadt mit ihrem großen Marktplatz, an dem sich die Handwerker niederließen. Typisch fränkisch waren die musterhaften und ertragreichen Siedlungen, die sich für den Grafen Wiprecht wohltuend von seinen slawischen Dörfern abhoben.

Geistliches Zentrum seines Landes wurde das Benediktinerkloster Pegau, das Graf Wiprecht 1091 mit Unterstützung seines Schwiegervaters, des Böhmenkönigs Wratislaw errichtete, wie die Pegauer Annalen berichten, als Sühne für die bei einer Fehde niedergebrannte Jakobskirche zu Zeitz. Als Kern des Konventes berief Wiprecht den ersten Abt Bero mit drei Benediktinern und einem Konversen aus dem Kloster Schwarzach am Main (heute Münsterschwarzach). (Im gleichen Jahr übergab Bischof Werner von Merseburg das verfallene Stift St. Peter auf der Altenburg bei Merseburg den Benediktinern, deren Abt Altmann aus Schwarzach kam und fränkische Siedler in den Klosterdörfern bei Merseburg, Holleben, Hohenmölsen, Zweimen und Schkeuditz ansetzte.) Kloster Pegau betrieb keine eigenen Ansiedlungen, wirkte aber als Vorbild bei der Rodung, beim Trockenlegen von Sümpfen und der Anlage von Gärten. Bereits 1105 gab es im Burgward Groitzsch 17 neue Dörfer, von denen drei Pegau gehörten.

Als 1198 im Templerhaus zu Akkon in Palästina die »Bruderschaft des Hospitals St. Marien der Deutschen in Jerusalem«, kurz Deutscher Orden genannt, gegründet war, traten ihm bald so viele fränkische Ritter bei, daß man sich im 13. und 14. Jahrhundert geradezu über dieses »fränkische Spital« mokierte. Nun kamen die nachgeborenen Rittersöhne nicht alleine nach West- und Ostpreußen, Kur- und Livland, sie brachten aus ihren Weilern und Dörfern Hintersassen mit, die rodend an den Rändern der riesigen Wälder tätig wurden. Zu den Franken, die früh dem Deutschen Orden beitraten, gehörten die Brüder Andreas, Heinrich und Friedrich von Hohenlohe, die 1219 als »Einstand« ihre beiden Burgen in Mergentheim schenkten, von denen eine zum Sitz eines Ordenskomturs ausgebaut wurde. Während seit 1309 der »Hochmeister« auf der Marienburg an der Nogat residierte, zog der »Meister in teutschen Landen«, kurz Deutschmeister genannt, 1525 nach Mergentheim, weil ihm der Odenwälder Bauernhaufen unter der Führung des Götz von Berlichingen das Schloß Horneck am Neckar niedergebrannt hatte. Da im gleichen Jahr der Hochmeister Albrecht von Zollern-Brandenburg, ein gebürtiger Ansbacher, auf Anraten Martin Luthers das Kreuz ablegte, die Reformation einführte und ein weltliches Herzogtum begründete, verwaltete der jetzt Hoch- und Deutschmeister titulierte Reichsfürst von Mergentheim aus die außerhalb Preußens gelegenen und katholisch gebliebenen Gebiete. Nachdem Napoleon I. 1809 den Deutschen Orden aufgehoben hatte, fiel das Ordensland um Mergentheim an das Königreich Württemberg.

Als Herzog Heinrich I., der Bärtige aus dem Hause der Piasten 1201 die Herrschaft in Schlesien antrat, rief er deutsche Kolonisten in großer Zahl ins Land, nicht nur Bauern, sondern auch Handwerker und Händler für seine Städtegründungen, auch Mönche und Nonnen für die Klöster, die er und seine Frau Hedwig aus dem Hause Andechs-Meranien gestiftet hatten. Da die Andechs-Meranier damals die größten Grundbesitzer in Oberfranken waren, gelang es zahlreichen Kleinbauern und Kleinstädtern des Obermainlandes, sich in Schlesien eine neue Existenz aufzubauen. Ihr Sohn Heinrich II., der 1241 in der Mongolenschlacht bei Liegnitz gefallen ist, sowie dessen Söhne und Enkel setzten die Frankenkolonisation in ihren Teilherzogtümern Breslau, Liegnitz und Glogau (1248), Jauer (1278) und Schweidnitz (1281) fort.

So wäre aus jedem Jahrhundert von einem Auszug der Überzähligen zu berichten, von den Kolonisten, die nach dem Sieg über die Türken 1683 nach Ungarn und Siebenbürgen gerufen wurden, von den Amerikafahrern, die nach den Hungersnöten von 1816/17 und 1846 in die Staaten zogen, weil man dort noch Land erwerben und heiraten konnte, ohne zuvor die Einwilligung der Heimatbehörde durch einen Vermögensnachweis erbringen zu müssen. Von den Flüchtlingen nach der mißlungenen 48er Revolution wäre zu erzählen und den Scharen, die nach dem Ersten Weltkrieg und während der Inflation »drüben« und »draußen« ihr Glück suchten.

Doch nicht nur Bauernsöhne und Handwerker, Gesellen, Knechte und Arbeitslose waren hier überzählig, aus allen Schichten suchten sie ihren Weg außerhalb Frankens zu bahnen, anpassungsfähig, sprachgewandt, aufgeweckt wie sie einmal waren. Im Unterschied zu Schwaben und Sachsen verloren sie rasch ihre Mundart und kamen, selbst wenn sie Vermögen erworben hatten, im Alter meist nicht mehr in die Heimat zurück. Eine kleine Liste »fränkischer Außenbürger« darf daran erinnern, wer sich »draußen« tummeln mußte, dort fränkische Art verkörperte.

Behaim, Martin, Geograph, * Nürnberg 1459, Tuchkaufmann, 1476 Handelsvertreter in Antwerpen, 1482 in Lissabon, vermittelte dort die Kenntnis des Jakobsstabes zur Errechnung der geographischen Breite, 1485 in die »Astronomische Junta« aufgenommen und zum Ritter geschlagen. Nahm an der Entdeckungsreise des Diego Cão bis zur Mündung des Swakopflusses teil. Lebt dann auf den Azoreninseln Fayal und Pico, deren Statthalter sein Schwiegervater Jobst Hurter war. 1491–93 ließ er während eines Aufenthaltes in Nürnberg einen »Erdapfel« (Globus) herstellen, auf dem 1100 Ortsnamen eingetragen sind, Amerika noch fehlt, aber die Westküste Afrikas recht genau angegeben ist. Der »bedeutendste deutsche Geograph des vorkolumbischen Zeitalters« starb 1507 im deutschen Hospital St. Bartholomäus in Lissabon.

Bibra, Freiherr Ernst von, Forscher in Südamerika, * Schwebheim bei Schweinfurt 1806, Sohn eines Gutsbesitzers, studierte Rechtswissenschaft, widmete sich als Privatmann in Nürnberg Problemen der Zoochemie. Forschungsreise 1848–50 in Chile und Peru, wo er Überreste der Atacameno-Kultur nördlich Antofagosta entdeckte. 1854 erschien die zweibändige »Reise in Südamerika«, 1861 »Erinnerungen aus Südamerika« in drei Bänden. Er starb 1872 in Nürnberg.

Botenlauben, Otto von, Ritter und Minnesänger, * 1175/77, Sohn des Grafen Poppo VI. von Henneberg, Neffe der hl. Hedwig von Schlesien, Cousin der hl. Elisabeth von Thüringen, ansässig auf der Burg Botenlauben ob Bad Kissingen. 1197 übersiedelt er von Sizilien nach Palästina, heiratet 1205/1206 Beatrix von Courtenay-Edessa, Tochter Joscelins III., Herzogs von Edessa (heute Urfa in Anatolien). Beide stiften 1208 Güter an das Hospital zu Akkon, verkauften 1220 ihren gesamten Besitz (darunter eine Burg mit 18 Dörfern) für 7000 Pfund Silber und ziehen auf die Burg Botenlauben. Nachdem Sohn, Schwiegertochter und Enkel in Klöster eingetreten waren, stifteten sie das Kloster Frauenroth, wo beide begraben liegen. Zuvor hatten sie allen Besitz dem Hochstift Würzburg überschrieben.

Boveri, Margret A., Journalistin, * Würzburg 1900, Tochter eines Prof. f. Zoologie, Studium in Würzburg, München und Berlin, Dr. phil., Sekretärin an der Zoologischen Station Neapel, ausgedehnte Reisen in die Mittelmeerländer und den Vorderen Orient für Bücher, 1933–37 außenpolitische Redakteurin am »Berliner Tagblatt«, dann Auslandskorrespondentin der »Frankfurter Zeitung« in Schweden, USA und Portugal bis zum Verbot der Zeitung 1943. Seitdem bis zu ihrem Tod 1975 in Berlin freie Mitarbeiterin einiger Zeitungen, seit 1956 für die »FAZ«. Hauptwerk: »Der Verrat im 20. Jahrhundert« (4 Teile).

Celtis, (eigentl. Pickel), Conrad, Humanist und Dichter, * Wipfeld südl. Schweinfurt 1459, Häckerssohn, studierte in Köln und Heidelberg, gründete humanistische Gesellschaften, 1487 von Kaiser Friedrich III. als erster Deutscher in Nürnberg zum Dichter gekrönt. War 1487–89 in Italien, 1489–91 in Krakau, 1491/92 Prof. in Ingolstadt, seit 1497 bis zu seinem Tod 1508 Prof. in Wien. Gab 1486 eine Verslehre, 1492 ein umfassendes nationales Bildungsprogramm heraus, dazu zwei Tragödien Senecas und 1500 die »Germania« des Tacitus, 1501 die von ihm entdeckten Werke der Hrotsvith von Gandersheim, 1507 den »Ligurinus« des Gunther von Pairis. In seinen Oden zeigte er sich als begabtester Poet seiner Zeit, der allerdings nur in Latein schrieb.

Cranach (eigentl. Sunder), Lucas, Maler und Graphiker, *Kronach 1472, 1500–1504 in Wien, wo er neben Altdorfer zum Begründer der »Donauschule« wird. Von Kurfürst Friedrich dem Weisen 1505 an den Hof nach Wittenberg geholt, wird er, vor allem nach einer Reise in die Niederlande, zum Porträtmaler und nach der engen Freundschaft zu Luther und Melanchthon zum Schöpfer einer protestantischen Kunstrichtung, vor allem durch seine Holzschnitte zur Bibel. Er starb 1553 in Weimar.

Dauthendey, Max, Dichter, *Würzburg 1867, Sohn eines Photographen, ursprünglich Maler, setzte er virtuos die Farbskala impressionistischer Bilder in Worte hoher Sensibilität um. Ruhelos führen ihn Reisen nach Schweden und England, findet er nach Aufenthalten in Paris und Mexiko und einer ersten Weltreise nur sechs Jahre in Würzburg Zeit, um die Fülle von Eindrücken zu einem »Weltfestlichkeitsgefühl« zu erhöhen, das weder durch Gottes- noch Menschenfurcht getrübt sein sollte. Vom Weltkrieg auf seiner zweiten Ostasienfahrt überrascht, starb er 1918 in der Internierung zu Malang auf Java.

Dessauer, Friedrich, Biophysiker, *Aschaffenburg 1881, Sohn eines Buntpapierfabrikanten, seit 1911 in der Röntgenapparatetechnik tätig, 1921 Prof. für physikalische Grundlagen der Medizin in Frankfurt/Main. 1924–33 Reichstagsabgeordneter (Zentrum), mußte ins Exil, 1934 Professur in Istanbul, 1937 in Freiburg/Schweiz, seit 1950 gleichzeitig in Frankfurt/M., wo er 1963 starb. Er förderte die Tiefentherapie und die Kinematographie mit Röntgenstrahlen und wies als erster in der Treffertheorie auf die diskontinuierliche Strahlenwirkung in empfindlichen Zellbestandteilen hin. Auf seine Forschungsergebnisse in Physik, Medizin und Wissenschaftsgeschichte gestützt, hat er in zahlreichen Schriften auf die Wechselbeziehungen von Naturwissenschaft und Technik zu Philosophie und Religion aufmerksam gemacht.

Erhard, Ludwig, *Fürth 1897, 1928–42 Institutsleiter Handelshochschule Nürnberg, 1945 Prof. in München, 1945/46 bayer. Wirtschaftsminister, 1948/49 Direktor im Bizonen-Wirtschaftsrat in Frankfurt. Am Tag der Währungsreform

(20. 6. 1948) erklärte er gegen den Widerstand der drei westlichen Besatzungsmächte das Ende der Zwangswirtschaft, schuf damit die Voraussetzung der schnellen Belebung der westdeutschen Wirtschaft. 1949 MdB, Bundeswirtschaftsminister 1949–63, Verfechter der »sozialen Marktwirtschaft«. 1963–66 Bundeskanzler. Durch den Austritt der F.D.P. aus seiner Koalitionsregierung gestürzt. 1966/67 Vorsitzender der CDU.

Froben(ius), Johannes, Drucker und Verleger, * Hammelburg um 1460, seit 1490 Bürger in Basel, erlernte bei seinem Landsmann Johannes Amerbach (aus Amorbach) den Buchdruck, den er später mit ihm und Johann Petri ausübte. Sein Verlag, der bis ins 17. Jahrhundert bestand, nahm im Geistesleben des Humanismus und der Reformation eine beherrschende Stellung ein. Seit 1514 mit Erasmus von Rotterdam befreundet, erschienen in seinem Verlag unter großen persönlichen Opfern u.a. die Erstausgabe des griechischen Neuen Testamentes des Erasmus und dessen Kirchenväterausgaben. Er starb 1527 in Basel.

Hutten, Philipp von, Generalkapitän, * Arnstein/Ufr., ca. 1510, Sohn eines Amtmannes. Am Hofe Karls V. erzogen, reiste er 1534 im Auftrag der Welser nach Venezuela, beteiligte sich an der verlustreichen Expedition des Georg Hohermut 1535–38 zur Entdeckung des Goldlandes (El Dorado). Das Tagebuch dieser Fahrt zu den Kordilleren und ins Flußsystem des Meta blieb erhalten. 1541–46 leitete er eine eigene Expedition, erreichte den Amazonas, wurde auf dem Heimweg beraubt und wie sein Begleiter Bartholomäus Welser gevierteilt.

Hutten, Ulrich von, Ritter und Humanist, * Burg Steckelberg östlich Schlüchtern 1488, entfloh 1505 der Klosterschule in Fulda, studierte an den Universitäten Köln, Erfurt, Frankfurt/Oder, Rostock, Greifswald und Pavia, nimmt kaiserliche Kriegsdienste. Als Herzog Ulrich von Württemberg Huttens Vetter Hans eigenhändig ermordete, veröffentlichte er an Demosthenes geschulte lateinische Anklagen, beteiligte sich 1519 auch an der Vertreibung Ulrichs. Nach Aufenthalten in Bologna und Rom wurde er 1517 von Kaiser Maximilian in Augsburg zum Dichter gekrönt, dann an den Hof des Erzbischofs Albrecht in Mainz gezogen. Für Reuchlin arbeitete er an den »Dunkelmännerbriefen« mit, gab 1518 lateinisch, dann 1520/21 deutsch seine »Gespräche« heraus, verband seine leidenschaftlichen Angriffe auf das Papsttum mit nationalen Anliegen. Sein Versuch, mit Franz von Sickingen unter Ausschaltung der Fürsten eine Reichsreform durchzuführen, scheiterte im »Pfaffenkrieg« am Mittelrhein jämmerlich. Dem Flüchtigen verschaffte Zwingli ein Asyl auf der Insel Ufenau im Zürichsee, wo Hutten 1523 starb.

Karlstadt, (eigentl. Andreas Bodenstein), reformatorischer Theologe, * Karlstadt am Main um 1480, Sohn eines Bürgermeisters, seit 1510 Archidiakonikus und Professor in Wittenberg, wird für Luther gewonnen, der bei ihm promoviert hatte. 1517 veröffentlicht er 151 Thesen und disputiert 1519 in Leipzig an Luthers Seite gegen Eck. Während Luthers Aufenthalt auf der Wartburg formiert er eine radikale Reformgruppe und löst 1522 den Bildersturm aus. Als Pfarrer nach Orlamünde abgeschoben, wird er 1525 aus Sachsen ausgewiesen, gerät in Rothenburg in den Bauernkrieg, wird verfolgt, in Zürich von Zwingli aufgenommen. 1534 als Professor für A. T. nach Basel berufen, stirbt er dort 1541 an der Pest.

Kirchner, Ludwig, Maler, Graphiker und Bildhauer, * Aschaffenburg 1880, studierte in Dresden 1901–05 Architektur, gründete dort 1905 mit E. Heckel und K. Schmidt-Rottluff die »Brücke«. Seit 1911 arbeitete er in Berlin, seit 1917 nach schwerer Erkrankung in Frauenkirch bei Davos, wo er 1938 Selbstmord beging. 1937 waren seine Werke in Deutschland als »entartet« beschlagnahmt worden, um sie für Schleuderpreise im Ausland abzusetzen, wo man den deutschen Expressionisten schätzte.

Kissinger, Henry Alfred, amerikanischer Politiker, * Fürth 1923, wanderte 1938 mit seinen Eltern zwangsweise in die USA aus. Er lehrte seit 1952 politische Wissenschaften an der Harvard University. Als Berater der Regierung John F. Kennedy beeinflußte er deren Verteidigungskonzeption mit seiner These von der Möglichkeit eines begrenzten Atomkrieges, die er jedoch später fallen ließ. 1968 Sonderberater R. Nixons, dann Außenminister.

Kolb, Peter, Afrikaforscher, * Dörflas bei Marktredwitz 1675, Sohn eines Schmiedes und Zolleinnehmers, studierte auf Kosten wohlmeinender Bekannter in Altdorf und Halle Mathematik und Astronomie. 1703 Sekretär des preußischen Barons F. V. Krosigk, der ihn zu geographischen und astronomischen Studien in die Kapprovinz schickte, wo Kolb 1705–08 forschte. Nach dem Tod seines Auftraggebers schlug sich Kolb als Sekretär der Niederländischen Ostindischen Kompanie durch. Nachdem er sich eine Reihe Neider geschaffen hatte und von Sehstörungen befallen war, entließ ihn 1713 der Gouverneur. 1718 ernannte ihn der ansbachische Markgraf zum Schulrektor in Neu-

Johann Peter Kolb

stadt/Aisch, 1719 erschien auf fast tausend Foliantseiten sein großer Reisebericht, der die südafrikanischen Völker, vor allem die Hottentotten, ausführlich bekannt machte. Am Silvesterabend 1726 starb er »arm, aber zufrieden«.

Korb, Johann Georg, Diplomat, * Karlstadt 1672, Sohn des Stadthauptmanns, studierte in Würzburg Jurisprudenz, trat ca. 1693 in österreichische Dienste zu Wien. Als Geheimsekretär begleitete er 1698 die außerordentliche Gesandtschaft, die acht Monate am Hof des Zaren Peter I. verhandelte, dabei Zeuge der blutigen Vergeltung des Strelitzenaufstandes wurde. Durch Korbs Reisetagebuch, 1700 in Wien veröffentlicht, wurden die Licht- und Schattenseiten Rußlands und des Zaren erstmals breit dargestellt. Auf russischen Druck hin wurde das Werk eingezogen und vernichtet, Korb aus dem Staatsdienst entlassen. 1701 stellt ihn Fürst Christian August zu Sulzbach/Opf. ein. Er wird 1705 Kanzleirat, 1712 Hofrat, 1732 Kanzler, stirbt dort 1741.

Mergenthaler, Ottmar, Uhrmacher, * Hachtel b. Bad Mergentheim 1854, wanderte 1872 nach den USA aus, erfand 1884 die Linotype, die erste brauchbare Maschine zum Setzen und Gießen von Schriftzeilen. Er starb 1899 in Baltimore.

Pastorius, Franz Daniel, * Sommerhausen am Main 1651, Jurist und Stadtgründer. Wuchs in Windsheim als Sohn eines Rechtskonsulenten auf, studierte in Altdorf, Straßburg und Jena, sah als Hofmeister des Baron J. B. von Bodeck 1680–82 Frankreich, England, Irland, die Niederlande, die Schweiz und Italien. Die Frankfurter »Gesellschaft der Freunde« (Quäker) schickte ihn mit Kolonisten nach Pennsylvanien, wo er die Stadt Germantown (heute Teil Philadelphias) gründete, in der Textil- und Papierfabriken eingerichtet wurden. Setzte sich vehement gegen den Sklavenhandel ein, weil so Familien zerrissen wurden.

Regiomontanus (lat. »Königsberger«), eigentl. Müller, Johannes, Mathematiker und Astronom, * Königsberg in Franken 1436, Müllerssohn, studierte in Leipzig und Wien. Unter Nutzung arabischer Quellen faßte er in »De triangulis omnimodis« die ebene und sphärische Trigonometrie zusammen. Seinen »Tabulae Direktionum« (1475) gab er eine Tangenstafel bei. Er gab Kalender und Ephemeriden (Sternörter) heraus, die u. a. von Kolumbus, Vasco da Gama und Amerigo Vespucci verwendet wurden. Nach mehrjährigem Italienaufenthalt auf Kosten des Kardinals Bessarion war er 1467–71 in Diensten des ungarischen Königs Matthias Corvinus in Preßburg und Ofen. Mit Hilfe des Patriziers Bernhard Walther richtete er 1471 in Nürnberg eine Sternwarte und eine Druckerei ein. Zur Vorbereitung der Kalenderreform nach Rom berufen, starb er dort 1476.

Reitzenstein, Sigismund von, Staatsmann, * Nemmersdorf b. Bayreuth 1766, studierte in Göttingen und Erlangen Jura und Kameralistik, Ministersekretär in Bayreuth, 1788 Hofrat in Karlsruhe, 1792 Landvogt der Grafschaft Sausenberg und Herrschaft Rötteln, 1796–1803 badischer Gesandter in Paris, wo er die zahlreichen Erwerbungen Badens vom Bodensee bis zum Main vorbereitete. Als Kurator der Universität 1806 nach Heidelberg abgeschoben, wurde er 1808 Professor in Leiden. 1809 erneut Minister, gab er Baden eine zentralistische Verfassung nach napoleonischem Vorbild. Nach erneutem Sturz mehr durch Mittelsmänner wirkend, wurde er 1832–42 erneut Minister. Er starb 1847 in Karlsruhe.

Riese, Adam, Rechenmeister, * Staffelstein 1492, verfaßte mehrere Leitfäden zum praktischen Rechnen, so »Rechnung auff der Linihen« (1518), »Rechenung auff der Lihinen vnd Federn« (1522), die bis 1656 über 100 Auflagen erlebte. Die weite Verbreitung seiner Bücher führte zur Redewendung »nach Adam Ries(e)«. Er starb 1559 in Annaberg/Erzgebirge als Schulrektor.

Schulin, Johann Sigismund (Graf von), dänischer Staatsmann, * Prichsenstadt 1694, Pastorensohn, wuchs in Roßtal westlich Nürnberg auf, Studium der Jurisprudenz in Jena, Helmstedt und Leiden, Erzieher der Prinzen Friedrich Ernst und Friedrich Christian von Brandenburg-

Kulmbach. Folgte seinem Schüler Friedrich Ernst nach Kopenhagen, heiratete die Tochter des Haushofmeisters. 1730 dänischer Staatsrat, 1731 Adelsstand, 1735 Außenminister bis zu seinem Tode 1750. Der vorsichtige und anpassungsfähige, aber zielbewußte Diplomat schloß wichtige Verträge mit Frankreich, Rußland und Schweden, konnte einen dänisch-schwedischen Krieg vermeiden. Den dänischen Grafenstand genoß er 39 Tage.

Siebold, Philipp Franz von, Japanforscher, * Würzburg 1796, Sohn eines Prof. der Medizin, Medizinstudium in Würzburg. Trat 1821 als Militärarzt der Niederländisch-Ostindischen Kompanie bei, 1823–29 Arzt der holländischen Faktorei Deshima im Hafen von Nagasaki, wegen Kopierens von Landkarten des verschlossenen Kaiserreiches verhaftet und ausgewiesen. Seine vorausgeschickten Sammlungen für wissenschaftliche Darstellungen ausgewertet, 1859–63 erneut in Japan. Starb 1866 in München, wo er seine völkerkundliche Sammlung aufgestellt hatte.

Sonnemann, Leopold, Kaufmann und Zeitungsgründer, * Höchberg b. Würzburg 1831, Sohn eines Webermeisters, wanderte mit seinen Eltern nach Offenbach aus, wo der Vater einen Textilhandel auf Jahrmärkten und Messen betrieb. Mit 14 Jahren wird er aus der Realschule genommen, um die Messen in Würzburg, Bamberg und Leipzig zu besuchen. Nach-

Philipp Franz von Siebold

dem der Vater das Importhaus Sonnemann & Neufelder in New York etabliert hatte, gab dort der Angestellte Meyer ab 1851 die »New Yorker Handelszeitung« heraus. Diese inspirierte Sonnemann jun., die »Frankfurter Handelszeitung« ab 27. 8. 1856 als liberale Wirtschaftszeitung herauszugeben. Unter dem kürzeren Titel »Frankfurter Zeitung« war sie bis zur zwangsweisen Einstellung 1943 die im Wirtschaftsteil und Feuilleton führende Zeitung Deutschlands mit dem größten Ansehen im Ausland. Der Gründer starb 1896 in Frankfurt.

Wagner, Johann Martin (von), Bildhauer, * Würzburg 1777, Sohn eines Bildhauers (»Puttenwagner«), studierte als Maler in Wien und als Bildhauer in Paris (David), in Rom Aufkäufer antiker Plastik für Ludwig I. von Bayern, besorgte unter Lebensgefahr den Ägineten-Fries, schuf den 92 m langen Fries der Walhalla bei Regensburg. Starb 1858 in Rom, hinterließ seine Privatsammlung der Universität Würzburg, stiftete für Künstler Unterfrankens Stipendien für dreijährige Romaufenthalte.

Wüst, Georg, Vizekönig in Ostindien, * Grafenrheinfeld 1721, Bauernsohn, läßt sich mit 17 Jahren vom Gymnasium zum fürstbischöflichen Infanterieregiment abwerben, 1739–40 in Ungarn gegen die Türken eingesetzt, tritt in kaiserliche Dienste über. 1744 wegen der Verteidigung des Reichstores in Prag vom Fähnrich zum Rittmeister befördert, wegen Schulden auf dem Spielberg b. Brünn inhaftiert. 1752 französische Dienste, Kommandeur eines Husaren- und eines Infanterieregimentes in Ostindien, Feldzüge gegen Lord Clive, 1761 Generaloberst, vom Großmogul von Delhi zum Vizekönig ernannt. Nach einer Zeugenaussage in Paris auf dem Landweg nach Indien in Persien von einem Schlaganfall gelähmt, gesundete er nach einem Gelübde, abzudanken und zweimal nach Loretto, zweimal nach Rom und einmal nach Köln zu wallfahrten. Als Ehrenpfründner ins Juliusspital Würzburg aufgenommen, starb er dort 1785.

Wurffbain, Johann Sigmund, Kaufmann, * Nürnberg 1613, Sohn eines Advokaten, Lehre 1628–31 in den Niederlanden, 1632–37 Soldat der Niederländisch Ostindischen Kompanie in Batavia (Djakarta), Expeditionen zu den Inseln Amboina und Ceram, 1638 Unterkaufmann in Surate/Vorderindien, bahnt durch eine Handelsreise 1640 nach Mokka den Handel zwischen Arabien und Java wieder an, 1645 Oberkaufmann in Batavia, 1646 mustert er ab, wird in Nürnberg Genannter des größeren Rates und stirbt dort 1661.

Aus fränkischen Küchen, Kellern und Brennereien

Die älteste Sammlung von Kochrezepten aus dem deutschen Mittelalter wurde zwischen 1350 und 1354 in Würzburg niedergeschrieben. Magister Michael de Leone, der in Bologna Jurisprudenz studiert hatte, legte im Alter für seinen Neffen und Alleinerben zwei Hausbücher an, in die er alles Wissenswerte eintragen ließ. Der zweite Band, der heute in der Münchener Universitätsbibliothek aufbewahrt wird, birgt nacheinander Gebete, Minnelieder, darunter solche Walthers von der Vogelweide mit dem Hinweis auf seine Grabstätte im »Grashof« des Stiftes Neumünster, an dem Michael als Scholaster (Studienleiter) wirkte, eine Würzburger Polizeiordnung, Gesundheitsregeln und die Sammlung »Von guter Speise«, die so eingeführt wird:

»Dies' Buch sagt von guter Speise,
das macht die unberatenen Köche weise.
Ich will Euch unterweisen
Von den gekochten Speisen.
Wer sie nicht verstehen kann,
Der soll dies Buch sehen an,
Wie er große Gerichte kann machen
Von vielen kleinen Sachen...«

Michael vom Löwenhof ließ kein Kochbuch durch seine Schreiber ausarbeiten, sondern gibt 52 Rezepte für Köche, die ihr Handwerk bereits verstehen, aber neue Zubereitungen suchen. Von den Beschreibungen stammen 41 aus einer fürstlichen Küche, wohl die des Bischofs von Würzburg, dessen Protonotar (Kanzleivorstand) er 13 Jahre gewesen ist. Diese höfischen Gerichte waren teuer, weil für Pfeffer, Zimt, Reis und Rohrzucker, die nur grammweise gehandelt wurden, Unsummen von den Nürnberger und Augsburger Händlern verlangt wurden. Doch Michael dachte auch an die bürgerliche Küche seines Neffen und Stadtrates, dem er als Tip mitgibt, mit Rainfarn (Chrysanthemum tanacetum) zu würzen oder mit Quittengelee zu süßen. Wenn nur der Magen der Gäste gefüllt werden solle, dann solle er reichlich Bohnen (gemeint sind die Saubohnen, denn die grünen kamen erst nach 1492 aus Amerika herüber) auftischen lassen, auch »bezzin« (weiße Rüben) und weißen Lauch (Porree) reichlich reichen. Zwei seiner Rezepte haben sich bis heute unverändert in der fränkischen Küche erhalten, nämlich »Arme Ritter« aus acht Schnitten Weißbrot für schwache Mägen an Fasttagen und eine aparte »Gansfülle«. Er ließ schreiben: »Nimm vier hartgekochte Eier, dazu Bröckel von Weißbrot, Kümmel, ein wenig Pfeffer und Safran, dazu drei Hühnerlebern. Mahle alles zusammen (Fleischwolf oder Mixer waren unbekannt) und mache es mit saurem Wein und Hühnersud sauer. Schäle Zwiebeln, schneide sie dünn und gib sie in einen Hafen, dazu Schmalz oder Wasser. Lasse sie sieden, damit sie weich werden. Nimm saure Äpfel und schneide die Kerne heraus. Wenn die Zwiebeln gar sind, wirf die Äpfel dazu, damit es weich bleibe. Das Gemahlene mit den Äpfeln und Zwiebeln kommen zusammen in eine Pfanne. Wenn die Gans gebraten ist, lege sie in ein schönes Gefäß, gieße das Condiment darüber ein und trage sie auf.«

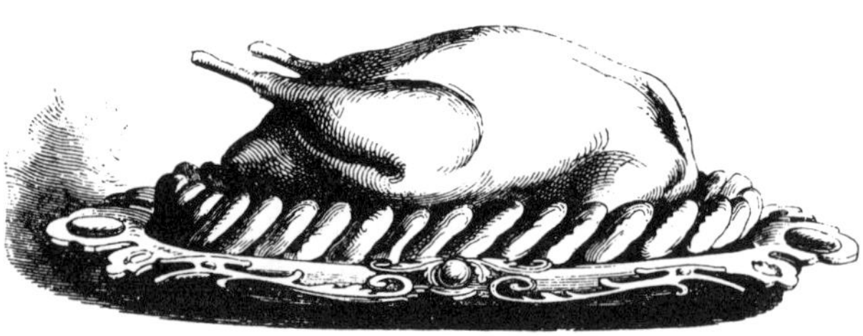

Ein Menschenalter konnte sich der Neffe Jacob am Löwenhof und den beiden Hausbüchern erfreuen, dann zog er als einer der Führer der Würzburger Bürgerschaft gegen seinen Bischof zu Feld, wurde im Januar 1400 an der Kirchenburg zu Bergtheim besiegt und hingerichtet. Die Leichen der vier enthaupteten Anführer ließ der Bischof zur Abschrekkung an die Stadttore nageln.

Die fränkische Küche, wie sie sich bis heute trotz mancher modischer An- und Eingriffe behaupten konnte, führt als Ahnen keine Gerichte aus Leones Hausbuch. Sie basiert auf dem, was in den Küchen der Bauern, Winzer und Holzarbeiter gekocht und gebrutzelt, gesotten und geräuchert wurde. Noch heute bekommt man in vielen Gasthöfen, auch in den »gutbürgerlichen«, an die zehn Gerichte, die als »typisch fränkisch« gelten. An der Spitze steht die Nationalspeise »Kraut unn Arwes« (Kraut und Erbsbrei), die selbst ausgepichte »Stadtfräck« wenigstens zu Neujahr zu sich nehmen, da nach der Überlieferung dem Kraut und Erbsen nicht ausgehen, der sie zu Beginn des Jahres verzehre. Natürlich ist auch hier wieder fränkische Untertreibung am Werke, denn im Arme-Leut-Essen liegen große Stücke fetten Bauchfleisches und mageren Geräuchertes, die das Kraut erst fett und würzig machen. Pro Person rechnet man ein Pfund Fleisch, damit etwas übrig bleibt, das man kalt mit einer Prise Salz als »Veschperla« zu schätzen weiß. Ähnlich beliebt ist das Ripple (nordisch Rippe[n]speer), das gekochte Rippenstück, das im Unterschied zum Casseler nicht gepökelt wurde. Man ißt Kraut und Kartoffelbrei (kein Franke kennt Püree) dazu, nachdem Erbsbrei nur noch selten bereitet wird.

Für ein Mittagessen wie für ein Vesper taugt gleicherweise die Königin unter den fränkischen Würsten: die Bratwurst. Schon 1341 – in diesem Jahr wird die Heilig-Geist-Kirche in Nürnberg fertiggestellt – erwähnt eine Chronik erstmals Bratwürste. Der Name leitet sich nicht vom Braten ab, sondern vom Brät, der Füllung aus Fleisch ohne Fett und Knochen. Das beste Brät stammt aus einer mageren Schweinekeule und wird mit wenig Salz und schwarzem Pfeffer, nach Belieben auch mit Kümmel oder Majoran gewürzt. Jeder Metzger hat seine spezielle Mischung, die seine Stammkundschaft stetig zu schmecken wünscht; wer seine Metzgerei abgibt, muß auch seine Rezepte mitverkaufen, damit die Kundschaft sich nicht verläuft. Bevor man die Bratwürste mit wenig Fett knusprig braun brät, läßt man sie in heißem Wasser etwas ziehen, damit sie so recht schnittfest werden, und wendet sie dann in kalter Milch, damit sie rascher bräunen. »Bauernseufzer« (auch Bauernpfurz) nennt man die

geräucherten Bratwürste, die zehn Minuten in heißem Wasser gezogen haben und zu Meerrettich und Schwarzbrot verzehrt werden. Ältere Leute, die bereits auf ihr 3. Gebiß verzichten, schneiden die Bauernseufzer in feine Scheiben und rühren sie in die Kartoffel-, Linsen- oder Riweles-(Schwemmklößchen-)suppe. »Blaue Zipfel« eignen sich hervorragend, einen beleidigten Magen wieder zu versöhnen oder einem Biersatten einen neuen Geschmack auf den Gaumen zu bringen. Pro Nase gibt man in einen Topf einige Perlzwiebeln, etwa 50 Gramm Zwiebeln in Scheiben, eine Gewürznelke, ein halbes Lorbeerblatt, einen Teelöffel Weinessig, je eine Messerspitze Salz und Zucker und so viel Wasser, daß die Zutaten bedeckt sind. Nach fünf Minuten Kochen wird ein Paar Bratwürste zum Ziehen (nicht Kochen) eingelegt, die, von den heißen Zwiebeln bedeckt, auf einem warmen Teller serviert werden. Von »Eingezwickte« und »Nackede« und anderen Zubereitungen könnte ich schwärmen, von jungem Wirsing mit sauerer Sahne als Zutat oder jungem Spinat, doch dafür gibt es ja reichlich Kochbücher.

Nun ist die Bratwurst in Franken nicht gleich Bratwurst. Eine Normierung fand nie statt. Da gibt es lange und kurze, schmale und dünnhäutige, dickhäutige und hautlose, die bald gebraten, bald geräuchert oder gesotten gereicht werden, bald mit Sauerkraut oder Kren (Meerrettich), in dicker brauner Soße oder thronend auf einem Hügel Kartoffelsalat auf den Tisch kommen. Protestieren hilft da gar nichts, denn in jeder Gegend hält man seine Bratwurst samt Beiwerk für die einzig richtige Art. Berühmt sind die »echten Coburger«, die über glühenden Tannen- oder Kieferzapfen geröstet werden. Wer zur kühlen Jahreszeit auf dem Coburger Marktplatz seine Bratwurst verzehrt, der genießt gleichzeitig den Blick auf die Kanzlei, die Herzog Johann Casimir an die Nordseite des Platzes stellen ließ, und auf das Rathaus gegenüber. Die Nürnberger Rostbratwürste, inzwischen in Dosen in die Welt verschickt, ißt man am besten noch in ihrer Geburtsstadt, etwa während des Christkindlesmarktes in einer der Bratereien, die sich weithin durch ihren Duft ankündigen. Fünf fingerlange Bratwürste vom Rost gelten nicht als Mahlzeit,

sondern bestenfalls als Unterlage für einen Schluck Bier.

Besonders delikat schmecken die beiden zur Schlachtschüssel gehörigen Würste, die Blut- und die Leberwurst, die zusammen mit Well-(Bauch-)fleisch die Trias auf der mit Kraut gefüllten Schüssel bilden, zu der man trocken Brot oder Salzkartoffeln ißt, um das Fett etwas zu dämpfen. Während bei der Hausschlachtung auf dem Lande, meist für November und April angesetzt, die ganze Familie beschäftigt wird mit Speckschneiden, Wurstfüllen und Abbinden und Ausgabe von fetter Metzelsuppe an Nachbarn und Verwandte, kann man als Gast in Ruhe ein Schlachtfest genießen, wenn man im weiten Umkreis von Schweinfurt zu einer Schweinfurter Schlachtplatte geladen wird. Die Gäste sitzen an einer langen, blankgescheuerten Tafel, auf der bei jedem Platz kleine Kegel von Salz, Pfeffer und Kren aufgehäuft wurden, damit jeder nach Fasson würze. Nun werden mit fortschreitender Schlachtung sechs Gänge vom Wirt aufgetischt, was wörtlich zu nehmen ist, denn das Fleisch wird nicht auf Platten oder Tellern serviert, sondern auf die Längsachse gelegt, wovon man sich seinen Happen holt, allerdings mit Messer und Gabel hantiert. Zunächst wird das linde und fette Bauchfleisch aufgetragen, das mit Brot oder Zwetschgenwasser verträglicher wird. Dann folgt die durchwachsene Brustspitze als Vorreiter des fleischigen Bugs. Als vierter Gang folgen zarte Delikatessen wie der Rüssel und die Backen und Ohren des Schweins. Dann geht es an die edlen Innereien wie Herz, Nieren und Zunge, schließlich werden, man sitzt schon in der dritten Stunde, die Blut- und Leberwürscht aufgetragen, während der Hausmetzger in der Wurschtkuchel (Wurstküche) dabei ist, Rot- und Weißgelegten, Pressack und Knäudele zu füllen. Wenn sich gegen Ende des Males Gelächter erhebt und man sich über einen »Auswärtigen« lustig macht, dann hat ihm ein Spaßvogel mit einer Schließnadel das Sauschwänzl an den Rockrücken geheftet.

Das Sauerkraut, das den Plafond der genannten Speisen abgibt und am besten schmeckt, wenn es siebenmal aufgewärmt wurde, wird vor allem auf Lößboden in bester Qualität gezogen. Eine solche Lößinsel breitet sich nordöstlich von Würzburg um Unterpleichfeld aus, dessen fünf Krautfabriken die Ernte verarbeiten, die von der Hausfrau durch Wacholderbeeren, Schnitze von sauren Äpfeln oder herbem Wein veredelt wird. Größere Mengen Krautsköpfe stammen aus dem An-

baugebiet bei Kitzingen mit den Schwerpunkten Albertshofen, Marktsteft und Segnitz, dessen 190 genossenschaftlich organisierte Betriebe den Großmarkt in Kitzingen jährlich mit 16000 Tonnen Gemüse beliefern. Die Hauptabnehmer der Krautsköpfe, Kohlrabi, gelben Rüben (Karotten), Tomaten, Radieschen und des Blumenkohls sitzen in München und Berlin. So mancher Gemüsegärtner schmunzelt, denkt er an Münchner Bierdimpfl, die »ihren Radi« (Rettich) schneiden, der tags zuvor noch im fränkischen Boden nahe Marktbreit steckte.

Ein weiteres, seit rund 300 Jahren genutztes Gemüsegebiet liegt Schweinfurt gegenüber um die ehemaligen »freien Reichsdörfer« Gochsheim und Sennfeld. Während manche Flächen jetzt statt Gemüse die einträglicheren Arzneipflanzen tragen, blieb das Areal für die kleinen gekrümmten Gewürzgurken erhalten, die im Volksmund »Kümmerli« heißen. Der Name bezieht sich allerdings nicht auf das kümmerliche Aussehen, sondern stammt aus dem Küchenlatein des Mittelalters, wo »cucumer« die Gurke hieß. Hundertweise kaufen Hausfrauen und Gastwirte sie in der zweiten Augusthälfte ein und konservieren sie mit verdünntem Essig und Gurkengewürz. Manche schwören auf Urgroßvaters Rezept, wonach die höchstens mittelfingerlangen Krümmlinge mit Essig, Boretsch und Dill einzulegen waren.

Die zahlreichen Küchenkräuter, die so mancher Suppe, so manchem Braten erst Leben einhauchen, bezieht man aus zwei gesegneten Landstrichen, deren Humus auf feinsandiger Grundlage entstand, also gut durchlüftet und wasserdurchlässig ist. Das Land um Bamberg und bis Forchheim hin, aber auch das Land nördlich Nürnberg und bis Erlangen liefert Sellerie und Lauch, Thymian, Majoran, Bohnenkraut und Estragon, Dill für Hecht und Heilbutt, Boretsch und andere Zungenerwecker. Was in früherer Zeit am besten abzusetzen war, verrät der Name »Knoblauchsland« für das Gemüsedorado

nördlich der Noris, der Spitzname »Petarlasbuem« (Petersilienbuben) für die Nürnberger und »Zwiebeltreter« für die Bamberger Gärtner. Von den Feldern des Städtchens Baiersdorf bei Erlangen kommt der scharfe Kren (Meerrettich), der bei kaltem Braten oder auch durch Sahne gemildert bei Fischen ein mageneinstimmendes Werk vollbringt. Scharf schmeckt er richtig auf der Bratwurst, gemildert hingegen unter die Kartoffelsuppe gerührt.

Der Franken und Fränkinnen Vorliebe fürs Detail zeigt sich gerade bei der Anwendung der Gewürze. Noch führt man ernste Gespräche, ob an die roten Rüben (rote Beete) Anis oder Kümmel oder gar beides als Gewürz zu geben ist, ob an die Sellerie Senfkörner gehören, und wieviele, oder ob man sie ganz oder in Scheibchen geschnitten in eine Fleischbrühe legen soll. Beifuß, so haben die Küchengrazien nun einmal entschieden, muß an den Gans- und Entenbraten, auch ans fette Schweinefleisch, Thymian hingegen an den Lammbraten, Peterle (Petersilie) und Brunnenkresse zum »Geißlasbratn« (Zickleinsbraten) zu Ostern. Unsere Großmütter hatten es noch leichter, denn sie konnten auf dickleibige Kochbücher zurückgreifen, die allerdings weder international noch gesamtfränkisch waren, sondern hübsch getrennt für Nürnberg, Bamberg und Würzburg je andere. »Das Würzburger Kochbuch für die gewöhnliche und feinere Küche« der Therese Brunn bringt in der 5. Auflage 1881 immerhin 1282 Rezepte und etliche Speisezettel für Einladungen. Daraus ein Zettel mit mittlerem Aufwand:

»*Reissuppe mit Jus. / Kalbsbries in saurem Gelee. / Gebratenes Rindfleisch auf englische Art mit Sauce, ausgestochenen Kartoffeln und süßen und sauren Gurken. / Carviol (Blumenkohl) mit dürrer Zunge, Blaukraut mit Schweinscotelettes. / Hühner-Ragout mit Butterteig-Kranz. / Brand-Pudding mit Weincreme.*«

Diese Aufstellung habe ich ausgewählt, weil daran ersehen werden kann, daß zur bodenständigen Kost (Kalbsbries, gedörrte Zunge, Blaukraut, Weincreme etc.) Zuwanderung aus der französischen

(Cotelett; Ragout) und der Wiener Küche (Brandpudding; Carviol) kamen. In Franken hat man sich nie geschämt, das aufzunehmen, was andere Küchen und Konditoreien anzubieten hatten, was keineswegs Charakterlosigkeit bedeutet, sondern angewandte Neugier. So kam die wichtigste Beilage zum heißgeliebten Schweinebraten, der rohe oder grüne Kloß, aus Thüringen, der Überlieferung nach durch thüringische Holzfäller und Floßknechte in den Frankenwald eingeschleppt und von da an mainabwärts verbreitet, so weit eben Kartoffeln das billigste Nahrungsmittel waren. Dazu traten dann die gekochten Kartoffelklöße und die »halbseidenen« Klöße, die aus gepreßten Salzkartoffeln und Kartoffelmehl im Verhältnis 4:1 bereitet und mit einer kräftigen Prise Muskatnuß abgestimmt werden. Aus Thüringen kam auch die herrliche Zubereitung von Schinken, die am besten immer noch in der grenznahen Stadt Coburg gedeihen.

Trotz der zahlreichen Kartoffelspeisen hängt der Franken Herz weiterhin an Mehlspeisen, was sie mit Schwaben, Bayern und Österreichern gemein haben. Dazu trieb nicht nur das Verbot des Fleischgenusses an Freitagen, an Quatembertagen und in der Fastenzeit, die immerhin von Aschermittwoch bis Ostern reichte, was schon über 100 fleischlose Tage sind, sondern der Fleischpreis. Franken war ja kein Land der Großbauern, Großbürger und wohlhabenden Handwerker, sondern der kleinen Bauern, Händler, Handwerker, der schlechtbezahlten Beamten, Lehrer und Arbeiter, die sich bestenfalls zweimal die Woche eine Portion Fleisch leisten konnten. Zumindest am Sonntag wollte man ein Rindfleisch im Topf haben, schon damit eine kräftige Suppe oder ein Schüh (Jus) als Fond für die Woche gewonnen wurde. Zu Gemüse oder Sauerkraut oder Dickmilch (stöckige = geronnene Milch) gab es Mehlspatzen oder Milchspatzen oder hausgemachte Nudeln. Reichte es nicht zu Gemüse oder Wurst, dann kamen zur Freude der Kinder Dampfnudeln auf den Tisch, Wiener Dukatennudeln und die variantenreichen Strudel, bald mit Milch, bald mit saurem Rahm angesetzt, mit Äpfeln und Rosinen gefüllt, mit Zucker oder ordinärem Weckmehl bestreut. Den Bayern hatte man die Rohrnudeln abgeguckt,

den Oberschwaben die Käsnudeln. War noch Dörrfleisch oder Schinken zu Hause, so gab man das feingeschnittene Fleisch mit einer feingehackten Zwiebel als Band zwischen dicken langen Nudeln, wobei die Kruste dieser »Schinkennudeln« den Kindern am besten schmeckte. Um Brotreste zu verwerten, bietet Frau Brunn drei Rezepte für Schwarzbrotauflauf und eine Äpfel-Charlotte mit schwarzem Brot.
Einst ein Hauptessen, heute ein Nachtisch sind die fränkischen Kartäuserklöße, die es in den Varianten »Versoffene Jungfern« und »Arme Ritter« gibt. Irene Reif gibt in ihrem Buch »Reisen und Kochen in Franken« das Rezept zu »Vasuffana Jungfan«:

»Zutaten: 8 alte Brötchen, ½ l Milch, 2 Eier, 1 Päckchen Vanillinzucker (auf den unsere Vorfahren noch verzichten mußten), 60 Gramm Zucker, eine abgeriebene Zitronenschale, Zimt, Semmelbrösel, Margarine oder Butter.
Von den Brötchen reiben Sie die harte Kruste ab – oder schneiden Sie diese hauchdünn weg, dann halbieren oder vierteln Sie die Brötchen und weichen sie dann in Milch mit Eidotter, Zitronenschale, Zukker, Zimt und Vanillinzucker gut ein; dann drücken Sie die Semmeln leicht aus und wälzen sie in dem verklepperten Eiweiß und den Semmelbröseln. Zerlassen Sie nun die Butter in der Bratpfanne und braten Sie die ›Jungfern‹ darin goldbraun. Nach dem Braten werden sie rundherum und dick mit einem Zucker-Zimt-Gemisch bestreut bzw. in dem Gemisch gewälzt. Nun richten Sie sie auf einer heißen Platte an und reichen die kalte Rotweinsoße dazu.«

Therese Brunn bot einst die Abart »Ersoffene Kapuziner« an, bei der statt Semmeln ein ¾ Pfund Schwarzbrot eingerieben wird und die Soße aus ¼ l Wein, ⅛ l Arrak, Zucker und Zitronenschale bestand. Die »Armen Ritter«, die Michael de Leone schon kannte, sind Kartäuserklöße mit einer dünnen Vanillesoße oder Apfelbrei mit Zimt.
Nicht nur die Kartäuser, denen der Genuß des Fleisches von Vierbeinern strikt untersagt war, suchten nach Fastenspeisen, auch alle anderen Orden bemühten sich um die Fischzucht. Die zahlreichen Teiche und Seen vor allem auf der Ostabdachung des Steigerwaldes, voran der Großdechsendorfer Weiher, boten vor allem Karpfen für die Tafel. Die Zucht der Regenbogenforelle im großen Stil setzte erst um die letzte Jahrhundertwende ein. Hochkonjunktur haben die Teichwirte vor Weihnachten, denn etwa die Hälfte der Franken verzehrt statt der Weihnachtsgans an den Festtagen Karpfen. Gebakken oder blau (in Essigsud) genießt man ihn in den Monaten mit »r« am besten in den Fischhäusern der größeren Städte

oder in den Wirtschaften nahe den Weihern, wobei man dem September und dem April am wenigsten trauen sollte. Dabei kommt es nicht so sehr auf die Größe des Karpfens an, sondern auf den Sud, dessen Zutaten der Altbaier Josef Hofmiller in der »Schiffbäuerin« in Würzburg erfuhr und rhythmisch gefaßt hat:

»Pfeffer, Sellerie, Lauch, Zitrone, Zwiebel und Wacholder,
Thymian, Welschnußkern, Karotten, Petersil, Nelke,
Lorbeer, Essig und Salz – und vergiß mir ja den Spritz Wein nicht.«

Daß es so viele »arme« Ritter und so viele »arme« Bauern gab, die sich nicht jeden Tag ein Huhn im Topf oder ein Pfund Fleisch auf dem Teller leisten konnten, daher unseren Speiseplan bis heute beeinflussen, hängt vom fränkischen Recht ab. In der Regel bestanden die Erben auf der Realteilung, also der gerechten Teilung des väterlichen Grundbesitzes, weshalb die langen schmalen Streifen in der Flur entstanden, die »Handtücher«. Da die Parzellen in allen Flurlagen ausgewiesen waren, denn »gerecht« hieß im Fränkischen immer »genau das Gleiche«, so verbrachten die Kleinbauern bald mehr Zeit auf den Zufahrtswegen als auf den Äckerchen. Nur in den Gaulandschaften auf lößreichem Boden, wie dem Ochsenfurter Gau, hatte man zeitig die Erbfolge des ältesten Sohnes eingeführt, der seinen Eltern den Austrag richten mußte. Dadurch blieben zwar größere Areale erhalten, doch mußte der Erbe nun seine Geschwister auszahlen. Nicht alle ließen sich auf Naturalleistungen wie lebenslängliche Mehl- und Kartoffellieferungen oder Abschlagszahlungen ein. Mit 1,5 ha bis 2,5 ha kamen nur noch die Bauern zurecht, die sich auf Sonderkulturen wie den Weinbau, den Gemüsebau oder den Spargelanbau verlegt hatten, wozu außer Geschick und viel Fachkenntnissen jedoch auch Boden und Klima tauglich sein mußten. Erst der massive Stop der Realteilung 1934 und eine zügige Flurbereinigung haben weitere Zersplitterung verhindert bzw. wirtschaftliche Feldgrößen erzielt.

Aus jener Zeit, da man den Gürtel enger zu schnallen hatte, stammen die Suppen, die den Magen zu Mittag und auf Abend vorzuwärmen und zu füllen hatten. Inzwischen ist es wieder schick geworden unter

Städtern, den verwöhnten Gaumen an so schlichten Suppen zu laben wie Kerbelsuppe, geschmälzte Wassersuppe, aufgebrannte Zwiebelsuppe, in die man Schwarzbrotreste einschneiden kann, »Franzosensuppe«, in der Zeit vor den Befreiungskriegen aufgekommen, in der kernige Kartoffelwürfel das fehlende Fleisch ersetzen und in der mit Majoran gewürzte »Suppewar« (Lauch, Petersilie, Sellerie und Schnittlauch) schwimmt. Zur fränkischen Graupensuppe aus Rollgerste trat während der Kontinentalsperre Napoleons die Sagosuppe aus Kartoffelstärke, weil das Mark der Sagopalme nur noch in kleinsten Mengen eingeschmuggelt werden konnte. Die Krone all dieser Grieß-, Mark-, Leber-, Butter-, Fleisch- und abgetriebenen Schinkenklößchensuppen ist die fränkische Hochzeitssuppe, eine kräftige Fleischbrühe (1 kg Rindfleisch mit Markknochen für 2 l Brühe) mit dreierlei, nach der Gegend verschiedenen Einlagen, etwa kleine Eier- und Leberspatzen mit Backerbsen oder Markklößchen.

Hochzeiten, vor allem auf dem Land, sind die beste Gelegenheit, fränkische Gastlichkeit zu beobachten. Schon lange vor dem Ereignis hat man auch die fernsten Zweige der Familie, die Vettern und Basen dritten Grades inbegriffen, zu Kirche und Schmaus eingeladen. Der jungen Leute wegen begräbt man vorübergehend alten Ärger und läßt alle gleichermaßen an der Tafel teilhaben, gleichgültig, wie die Geschenke ausgefallen sind, die nach dem Kirchgang von den Frischvermählten ausgepackt und besichtigt werden.

Zur Besichtigung freigegeben sind auch die Kuchen und gespritzten Torten, wobei als Faustregel gilt, daß sie so zahlreich wie die Gäste sein sollen, damit jedem Gratulanten aus der Nachbarschaft ein Viertel mitgegeben werden kann. Nach der Hochzeitssuppe gibt es zumindest zwei Fleischgänge, wobei sich Rindfleisch mit Nudeln und Meerrettichsoße sowie Schweinebraten mit Klößen und verschiedenen Gemüsen eingebürgert hat. Dann kommt, was die Gasthausküche zu leisten vermag, denn in einen Tanzsaal mußte man mit seinen 60 bis 80 Personen schon umziehen. Die Schmauserei zieht sich bis zum Kaffee mit Kuchen hin, der mit einem Vesper abgelöst wird, denn nach so viel Süßigkeit sollen Schwarzbrot, Wurst und Gurken neuen Geschmack schaffen.

Nahtlos rückt das Abendessen an, das mit Bier statt dem mittäglichen Wein begleitet wird, schon der Blaskapelle wegen, die zum Tanz aufspielt, was bekanntlich Durst macht. Noch vor Mitternacht stärken sich Bläser wie Tänzer an einem weiteren Vesper, werden schließlich mit einem Päckchen Wurst und kaltem Braten heimgeschickt, damit sie sich stärken können, wenn nachts der Hunger sie überkommt. Fränkisch ist an einer solchen Hochzeit, wie gemindert auch an den drei Kirchweihtagen und beim Leichenschmaus, daß sich die weniger Betuchten nicht »lumpen lassen« wollen. So manche Familie übernahm sich und zahlte, allerdings ohne Murren und Aufhebens, jahrelang die Schulden der »Völlerei« ab, wie der Herr Pfarrer die Gastereien zu bezeichnen pflegte, die er zumeist nach dem Kaffee verließ. In katholischen Gegenden trumpfte man bei solchen Gelegenheiten auf, zeigte dem ganzen Ort, was man im Hinterhalt hatte. Wieviel Hochzeit und Aussteuer dem Brautvater gekostet, erfuhren Städter nur auf krummem Umweg, wenn eine ledige Bauerntochter in ein Kloster eintrat und dort ihren Anteil abzuführen hatte.

Daß man auch hinter Klostermauern zu backen verstand, verraten die Nonnensemmeln, wozu ½ Pfund feiner Zucker und 4 Eidotter vonnöten sind, und die Nonnenkräpfchen (von einigen beharrlich »Nonnefürzli« genannt), in deren Teig Lebkuchen, Zitronat und Orangeat eingerieben werden soll. Die Lebkuchen aller Art haben Nürnberg zur Vaterstadt, die aus einer Not wieder einmal eine Tugend zu machen wußte. Da die großen Reichswälder St. Lorenz und St. Sebald nicht eingeschlagen und in (recht sandiges) Kulturland verwandelt werden durften, holten die Zeidler (Imker) aus den reichen Bienenbeständen den Honig zum Süßen des Lebkuchens, der von den Lebzeltern nach und nach mit Mandeln, Pfeffer, Rosmarin angereichert wurde, die gegen die Pest helfen sollten.

Lange Zeit und auch nach dem Untergang der kaisertreuen Hochstifte Bamberg und Würzburg zogen katholische Bäckergesellen zur Fortbildung nach Wien, um dort auch im ganzen 19. Jahrhundert die Feinbäckerei und Konditorei an der Quelle zu studieren. Seitdem tauchten neben den Laiben und Stollen von Schwarz- und Mischbrot, neben Weck und Kipf (länglicher, eingeschnittener Weck) die Kreuzer- und Kaisersemmeln auf, die Zucker- und die Salzbrezeln, die Käse- und Salzstangen, die Strudel, Vanillekipferln, Krapfen, Schneeballen und Schaumgebäck, Anisplätzchen und Schillerlocken. Ein patriotisches Werk verrichtete gar, wer kräftig in die Butterhörnchen biß, das Feldzeichen der verhaßten Türken. Sie, aber auch andere Heimkehrer, etwa die

Goldschmiede aus Franken, die in Wien eine eigene Bruderschaft St. Kilian bildeten und in der Dorotheerkirche einen Altar hatten, brachten aus der Kaiserstadt die Rezepte für Kaiserfleisch, Kaiserschmarrn, Kaiser-Gugelhopf, Kaisertee und das Wiener Schnitzel mit, das, sein französischer Name »escalopes milanaise« verrät es, von Mailand nach Wien kam.

Wer so viel heimholte, der sollte auch etwas geben, zumal die Franken sich ja lieber für ihre Gäste ruinieren als daß sie sich als »krachet« (von Kragen, also geizig, zugeknöpft) beschimpfen lassen. Es sind die fränkischen Wurstwaren, die geordert oder nachgeahmt werden. Kein fränkischer Metzger, der nicht, zumindest bei städtischer Konkurrenz, an die 30 Wurstsorten herzustellen wüßte. Da wird nicht Fleisch, Blut, Fett und Salz gemischt, sondern nach strenger Regel gearbeitet. Beim Gelegten werden Streifen vom gekochten Schweinekopf (ohne Backen) mit feingemahlener Schwarte so in den Darm gefüllt, daß beim Aufschneiden die Fläche wie ein Mosaik aussieht: beim Rotgelegten wird Blut zur Schwarte gegeben. Ehrenretter der fränkischen Metzger war Johann Lahner, der im Mai 1805 erstmals »Selchwürstl« aus Rind- und Schweinefleisch mit hauchdünnem Speck herstellte, die er würzte, in Dünndärme von Schafen füllte und 20 bis 25 Minuten räucherte. Diese Brühwürste hießen bald »Wiener Würstl« in Österreich wie im Altreich. Nur in Wien nannte man sie fälschlich »Frankfurter«, die jedoch nur Schweinefleisch enthalten dürfen. Adalbert Stifter zog sich aus der Affäre, indem er am 28. Jänner bei seinem Freund Joseph Axmann die »sogenannten Frankfurter-Wiener Würstel« bestellte.

Nun wird es immerhin höchste Zeit, in den Weinkeller zu steigen, der allerdings nur bei den großen und kleinen Weingütern mit Fässern oder Tanks, Flaschen- oder Bocksbeutelregalen bestückt ist. Die meisten Winzer, am Mittelmain Häcker geheißen, sind Mitglieder der örtlichen Winzergenossenschaft. Allein 19 der 26 Winzergenossenschaften sind der Gebietswinzergenossenschaft Franken in Reppendorf bei Kitzingen angeschlossen, die über Qualität wie Preis eifrig wacht. Von den 40000 ha Weinbergen, die Franken einst schmückten, sind nach Mißwachs, Hinwendung zu Rhein- und Moselweinen, Schädlingsbefall und Mißwirtschaft schließlich um 1900 nur noch 3200 ha übriggeblieben, die in den letzten 20 Jahren wieder auf 4500 ha aufgestockt wurden, die fast nur Qualitätsweine liefern, die dem jüngsten Trend nach »trokkenen« (zuckerarmen) und säurereichen Weinen entgegenkommen.

Trotz Mechanisierung und Motorisierung mancher Arbeiten auf sanft geneigten Hängen ist immer noch ein Viertel der

Rebflächen auf so steilen Hängen angelegt, daß man nur von Hand hacken, spritzen, ernten und schneiden kann. Hier ist noch immer der zähe Winzer gefragt, der unermüdlich die Butten mit abgeschwemmter Erde wieder auf den Hang zurückträgt, unter glühender Sonne mit dem zweizinkigen Karst den Boden lüftet und dabei Unkraut entwurzelt, schließlich seine Träubel in der Butte zur Mostpresse am Weinbergsweg trägt. Vorbei ist allerdings die Zeit, da er schon während der Mostschwemme billig seinen Ertrag verkaufen mußte, um seine Schulden zu zahlen. Die Genossenschaft baut für alle gemeinsam aus und garantiert einen angemessenen Preis. Ob Winzer, Bauer oder Bürger, die wenigsten können sich wie der Geheimrat und Minister a. D. Johann Wolfgang von Goethe täglich ihre Flasche Escherndorfer, Wertheimer oder Würzburger Stein leisten.

Sie trinken, auch im Weinland an Main, Saale und Tauber, Bier. Bayerisch ist am fränkischen Bier nur die Verpflichtung, das Reinheitsgebot des Herzogs Wilhelm IV. von 1516 einzuhalten, wonach außer reinem Wasser, reinem Malz aus Gerste oder Weizen, Hefe und Hopfen kein weiteres Hilfsmittel genommen werden darf. Dem müssen sich die beiden Bierriesen in Nürnberg genauso unterwerfen wie die drei Großbrauereien in Kulmbach oder die mehr und mehr zusammenschmelzen-

Goethes Bestellung von Steinwein aus dem Jahre 1808

den mittelständischen Brauereien. Sie beziehen ihre Rohstoffe zumeist aus Franken, so aus Deutschlands zweitgrößtem Hopfenanbaugebiet um Spalt oder aus dem zweitgrößten Braugerstenanbaugebiet in Unterfranken. Der feine Unterschied, den Bierschmecker trotz gleicher Bestandteile ausmachen, stammt vom verschieden weichen Wasser, von der Dosierung des Hopfens, der Intensität des Mälzens und etlichen Tricks des Herrn Braumeisters. Die kräftigsten Biere sollen das Weißenoher Klosterbier, das Bier der Franziskaner auf dem Kreuzberg (932 m) bei Bischofsheim in der Rhön sein, das geschmackigste das »Schlenkerla« in Bamberg, ein Rauchbier, dessen Malz über Holzfeuer gedarrt wurde.

Nahezu erdrückt wurden die Hausbrauereien, die vor allem in den ehemaligen Markgrafschaften Ansbach und Bayreuth zahlreich waren. Hier wurde nur der Jahresbedarf eingesotten, Feste und Gaben an die Nachbarn eingerechnet. Die scharfe Besteuerung, Mangel an geschultem Personal und die Schwemme der Billigbiere haben die meisten zum Erliegen gebracht. Mit dem Braurechtler verschwand aus fränkischen Gemeinden auch eine Respektsperson neben Pfarrer, Bürgermeister und Lehrer. Die Verwaltungsreform sägte dann Hunderte von Bürgermeistern ab, der Schulverband zog die jüngeren Lehrer aus den kleinen Orten ab, so daß die kleinen Republiken zwischen Amorbach und Wunsiedel zu Zellen in einem Zentralstaat reduziert wurden.

Vielfalt herrscht noch beim Schnapsbrennen, denn da bemühen sich nur Kleinstbetriebe und Hausbrenner um die Gunst des Publikums, das gegen fettreiche Kost oder die Kälte angehen muß. Vorherrschend ist das fränkische Zwetschgenwasser, in weitem Abstand von Kirschwasser, Schlehen- und Mirabellengeist gefolgt. Da viele

Maritimes Klima
Michelbach
Gemünden
MAIN
Obernburg
DORFPROZELTEN
Wertheim
Tauber
Tauberbischofsheim

Kontinentales - maritimes Klima
Schweinfurt
Wernek
Gerolzhofen
Ebrach
HANDTHAL
Volkach
GIPS
Autobahn
Castell
Iphofen
Scheinfeld
Ochsenfurt
IPPESHEIM
MAIN

der aufgelassenen Weinberge mit Obstbäumen bepflanzt wurden, ist auch in den Weinbaugebieten für »Rachenputzer« gesorgt, denn für die Weinbrandherstellung ist der Frankenwein schon zu teuer. Einst hatten die Fürstbischöfe Adam Friedrich von Seinsheim und Franz Ludwig von Erthal verlangt, daß an den Chausseen und Landstraßen ihrer Hochstifte Bamberg und Würzburg Obstbäume gepflanzt würden, deren Ertrag von den Gemeinden im Herbst meistbietend versteigert wurde. Dieser Apfelbrand wird schon lange nicht mehr genossen, denn manche Gemeinden verzichteten auf Nachpflanzung, andere ließen in den letzten 30 Jahren den Nachwuchs fällen, da es immer wieder Fahrer gab, deren Wagen magnetisch von den Zeugen des Wohlfahrtsstaates des ausgehenden 18. Jahrhunderts angezogen wurden, denn die Fürstbischöfe wollten den Gemeinden eine Zubuße verschaffen. An Obstschnaps dachten sie nicht, aber die Nonnen des 1803 säkularisierten Zisterzienserinnenklosters Seligenporten südlich Nürnberg an einen Likör, heute »Seligenportner Klostergold« genannt, der nur dort zu haben ist. Wer jedoch proben will, was man alles an Geist aus Obst und Wurzeln ziehen kann, dem sei das »Pilgerstübchen« in Behringersmühle im Fränkischen Jura empfohlen.

Lebkuchen – eine Nürnberger Spezialität

Sieht man von den alten Ägyptern, Griechen und Germanen ab, die auch schon Honigkuchen zu backen verstanden, gelegentlich als Wegzehrung ihren Toten ins Grab mitgaben, so wurden die ersten Lebkuchen, die den Namen verdienen, im 13. Jahrhundert in den Klöstern gebacken. So bedankt sich Heinrich von Nördlingen 1339 bei der Dominikanerin Margarete Ebner im Kloster Medingen an der Donau: »Gott danke dir für deinen Beutel, die Kertzlin und deinen Lebkuchen. Du sollst mir aber keinen so großen senden.«

Besonders gute Lebkuchen kamen damals aus dem Zisterzienserkloster Heilsbronn, zwischen Ansbach und Nürnberg gelegen. Während man in den Nonnenklöstern zumeist den Honigkuchen (»panis mellitus«) buk, schätzte man in Mönchsklöstern den reichlich mit Pfeffer gewürzten Pfefferkuchen (»panis piperatus«), um den Durst anzuregen, standen doch manchem Mönch je nach Landstrich zwei Kannen gutes Bier oder ein Kännchen Wein täglich zur Verfügung; dieses Deputat wollte wohl niemand verfallen lassen.

Daß aus dem süßen Honigkuchen ein Gewürzkuchen wurde, hing mit der Einfuhr seltener, daher teurer Gewürze aus dem Orient zusammen. Über Venedig und Genua bezogen die süddeutschen Handelsstädte, voran Ulm, Augsburg und Nürnberg den heißbegehrten Pfeffer, aber auch Cardamom, Gewürznägelein, Zimt, Muskatnüsse und Muskatblüte. Erst als der indische, arabische und italienische Zwischenhandel den Pfefferpreis in die Höhe jagte, schied Pfeffer als Zutat der Lebkuchen aus. Diese Gewürzkuchen waren so begehrt, daß sich viele Bäcker nur noch mit diesem einträglichen Backwerk beschäftigten und eigene Zünfte gründeten. Die älteste ist 1293 für Schweidnitz in Schlesien nachzuweisen, dann folgten Oppeln 1357 und Frankfurt/Main 1358. Da in Nürnberg alle Zünfte verboten waren, gab es auch keine Lebküchnerzunft. Erst Mitte des 17. Jahrhunderts durften Nürnbergs Lebküchner aus dem Bäckerhandwerk ausscheiden.

Daß sich die Lebküchnerei in Nürnberg so gut entwickelte, hing einmal von der guten Verkehrslage ab, denn hierher an die Kreuzung der Handelsstraßen Brüssel–Wien und Leipzig–Venedig kamen die Gewürze in großen Mengen und relativ billig. Zum anderen waren die beiden Reichswälder St. Lorenz und St. Sebald für Imker, in Nürnberg Zeidler genannt, sehr ergiebig. In diesen üppigen Mischwäldern, die inzwischen durch trostlose Kiefernwälder (Steckerles-Wald) abgelöst wurden, hatten die Zeidler zwar Honig an den König zu entrichten, doch blieb noch viel für den Verkauf übrig. Da sich die Lebküchner und Lebzelter, sie walzten die dünnen Honigkuchen, streng an originale Zutaten hielten, wurde ihr Ruf rasch verbreitet; sie streckten weder den Honig durch Zuckerwasser, noch mischten sie Mausdreck unter die Gewürznelken oder den Pfeffer. Albrecht von Brandenburg-Ansbach, letzter Hochmeister und erster Herzog in Preußen, ließ sich seine Lebkuchen aus Nürnberg schicken, obwohl Lebküchner in Danzig und Thorn ihn billiger hätten versorgen können.

Die Lebküchnerei erfuhr große Nachfrage, weil man sich vorstellte, man könne

sich gegen Pest und Krankheiten, gegen Magengrimmen und Schwäche durch den Verzehr von Lebkuchen schützen. Da man nicht mehr an den Laib dachte, sondern die Silbe Leb- zu Leben- ausdeutete, war nun ein Bissen lebenserhaltend. Deswegen verschenkte man große Lebkuchen zu Weihnachten und Neujahr, zu Namens- und Geburtstag, an schwangere und stillende Mütter.
Bald wurden die Lebkuchen auch geschmückt mit Wappen und biblischen Figuren, später mit Reitern und Damen, mit ganzen Szenen wie Festtafeln, Hirschjagden und Schlittenpartien. Die Model, die Negativformen, schnitt stets ein Geselle, der von Stadt zu Stadt zog, meist nach zwei Wochen seinen Formenvorrat erschöpft hatte, aber gut bezahlt weiter auf Walz (Stöhr) ging.

Die Lebkuchenrezepte waren keineswegs von Geheimnis umhüllt. Jede gute Hausfrau kannte Verfahren zur Bereitung ihres Vorrats. Zudem hatte der Nürnberger Rat mehrfach verboten, bei Gastmählern, Taufen und Hochzeiten teures Konfekt aufzutischen, so daß man seinen Gästen eben hausgemachte Lebkuchen vorsetzte. Schon das älteste erhaltene Rezept im handgeschriebenen Kochbuch der Susanne Harsdörfferin nennt an Gewürzen Zimtrinde, Muskat, Ingwer und Nägelein (Gewürznelken). Im »Vollständigen Nürnbergischen Kochbuch« von 1691 wird ein übersüßer Mandellebkuchen angepriesen, der auf ein Pfund Mehl ein Pfund Zucker und ein Pfund Mandeln vorsieht. Als Gewürze werden Zimt, Muskatnuß, Muskatblüte und Cardamom angegeben. 1701 tauchen in einem Rezept erstmals Zitronat, die in Zuckerlösung eingekochte Schale unreifer Zitronen, und geriebene Zitronenschale als Würze auf. Wer etwas mehr ausgeben will, schmeckt mit Anis und Rosenwasser ab. Später gab es süße Pomeranzenschalen, schließlich Orangeat als Zutat, schon um die Mandeln etwas zu sparen.
Nachdem 1867 die Gewerbefreiheit in Bayern eingeführt wurde, gingen einige tüchtige Lebküchner zur industriellen Fertigung über, nachdem die Nachfrage ständig wuchs. Vor allem zu Weihnachten waren die Lebkuchen aller Sorten begehrt, gehörten schließlich zur »deutschen Weihnacht« wie der Weihnachtsbaum mit Kerzen, Kugeln und Engelshaar. Nachdem es die wackeren Hausfrauen aufgegeben haben, am eigenen Backofen zu lebküchnern, fertigen die Firmen in Nürnberg die wohlschmeckenden »Würzgebäcke« (amtliche Bezeichnung) an, die keinen Fettzusatz haben dürfen. Nach einem Beschluß des Landgerichtes Berlin von 1927, vom Kammergericht Berlin 1928 bestätigt, dürfen nur die in Nürnberg gefertigten Lebkuchen

Der Lebküchner.

als »Nürnberger Lebkuchen« bezeichnet werden.
Grob unterteilt gibt es drei Sorten von Lebkuchen, die in den Firmen das ganze Jahr über gebacken werden, mit Hochdruck und doppeltem Personal aber ab August, wenn die Saison beginnt. Da gibt es die braunen Lebkuchen, die keine Oblatenunterlage besitzen. Zu ihnen zählen die Honigkuchen, die Aachener Printen, Sterne, Schnitten, Dominosteine, kurzum alles Kleingebäck, das unter »Nürnberger Allerlei« läuft. Die Oblatenlebkuchen haben einen geringeren Mehlgehalt und bestehen reichlicher aus Nüssen und Mandeln, werden mit Zitronat, Orangeat und Gewürzen verfeinert, die sorgfältig auf einen Hauptgeschmack abgestimmt sind. Der Primus dieser Sorte ist der »Elisenlebkuchen«, der allerdings nicht nach einer Wittelsbacher-Prinzessin so heißt, sondern den Namen einer jung verstorbenen Tochter eines Nürnberger Lebküchners trägt. Er muß mindestens ein Viertel Mandel- oder Haselnußkerne enthalten; der Anteil an Mehl darf über ein Zehntel nicht hinausgehen. Die dritte Sorte sind die meist rechteckig geformten weißen Lebkuchen, die durch Zugabe von Eiern heller gefärbt wurden. Keine der Firmen aber kann ohne das »Zweitgeschäft« mit Plätzchen, Schokolade, Pralinen oder Eiscreme überleben.
Falls Sie es doch einmal wenigstens versuchen wollen, setze ich aus dem »Nürnberger Kochbuch für bürgerliche Haushaltungen«, 5. Auflage 1862, das Rezept für weiße Lebkuchen hierher. »Ein Pfund geriebenen Zucker rührt man mit 4 Eiern eine Stunde lang, dann schneidet man die Schale von einer Citrone, 2 Loth Citronat, 2 Loth Pomeranzenschale und 4 Loth geschälte Mandeln länglich fein, stößt ein Loth Zimt nebst einem Quint Gewürznelken und rührt das geschnittene und gestoßene Gewürz nebst einem Pfund weißen Mehls an den Zucker. Nun wirkt man den Teig auf dem Backbrett, drückt ihn in die mit Mehl bestäubten Model, legt endlich die Lebkuchen auf ein mit Mehl bestäubtes Blech und bäckt sie langsam.« – (Ein Loth ist 1/30 Pfund = 16,66 g, ein Quint = ein Quentlein = 1/4 Lot = 3,65 g.)

Hilfreicher Spickzettel

Da man in fränkischen Wirtschaften mehr und mehr Lust bekommt, einheimische Gerichte und Schleckereien mit den alten fränkischen Namen zu benennen, benötigen unsere Gäste aus anderen Gauen oder Kontinenten eine Hilfe beim Übersetzen. Ob Sie die folgende Liste offen benutzen oder heimlich daraus schöpfen wie ein Schüler beim Spicken (beim verbotenen Lesen im Wörterbuch), bleibt Ihnen überlassen. Damit Sie rascher zum Ziel kommen, wurde die alphabetische Reihenfolge gewählt; in dieser Reihenfolge sollten Sie, um ihren Magen besorgt, natürlich nicht in die fränkische Küche eindringen.

Andivi = Endivien (Cichorium endivia); Backes (auch Backesle oder Brenner) = Kartoffelpuffer; Bauchstecherla (auch Fingerla oder Baunzerla) = Kartoffelnudeln; Bauernseufzer = geräucherte fränkische Bratwürste, mit Kren oder Senf oder Gurke aufgetischt (= serviert); Bibbeles (Ziebeles-)käs = Vollmilchquark, der zur Aufzucht der Bibbele (Kücken) verwendet wurde, heute mit Sauerrahm, gehackter Petersilie, Salz und Pfeffer verrührt, schmeckt mit Bauernbrot gut zu jeglichem Most; Blatz (Blotz oder Baatz) = ein Hefeteig, der dünn auf einem runden, selten rechteckigen Blech ausgerollt wurde, unentbehrliche Grundlage für Äpfelschnitz (Apfelschnitten), Johannisbeeren, Rhabarber, Streuseln, Käse (= Magerquark) etc.; Brei = Püree (Mus), daher Äpfel-, Arwes (Erbsen-)-, Gries-, Hafer- und andere Breie; Bries = der Thymus, die innere Brustdrüse, bei Kälbern Kalbsmilch genannt;

Dickmilch (stöckichte Milch) = geronnene (saure) Milch; Dürr (Dörr-) fleisch = Rauchfleisch (Geselchtes), durch Räuchern haltbar gemachtes rohes oder gepökeltes Fleisch, beliebt zu Kraut und Erbsbrei. Eiergerste = grobe Ribeli = ein fester Teig aus Mehl, Ei und Salz wird auf einem Reibeisen gerieben und dann in kochender Brühe gegart; Erdkohlrabi = Steckrüben (Dotschen); Fasäelesbrüh (Fasäele = Bohnen) = Brühe aus braunen Bohnen mit dunkler Einbrenne; Fleischküchle = Boulette;

Gänseklein = Gansjung (Kopf, Kragen, Herz, Magen, Flügel und Füße); Gerupfter = angemachter Camembert (bayerisch »Obatzter«), in Bamberg Liptauer geheißen (s. Kapitel »Küche und Keller«); Gickerle (Gockele) = Hähnchen; Gredelbrüh = fette Schlachtbrühe; Griefen (Grieben, österr. Grammel) = Rückstand beim ausgepreßten (ausgelassenen) Speck, schmeckt heiß geröstet am besten; Grumbern (Grumbiri von Grundbirne) = Kartoffeln; Nermbercher Gwerch (Nürnberger Durcheinander) = in Scheiben geschnittene rote und weiße Stadtwurst samt rotem und weißem Pressack wird mit reichlich Zwiebelscheiben in einer Marinade zu Salat gemischt; Halbseidene = Klöße aus gekochten Kartoffeln und Stärkemehl (5:1), mit kochendheißer Milch übergossen und gerösteten Weckbröckeli gefüllt; Heidelbeeren = Blaubeeren; Hiffen = Hagebutten; Hörnle (Hörnchen) = Weißbrotgebäck in der Form eines Viertelmondes; Hollerküchle = in Backteig gewendete Holunderblütendolden, in heißem Fett ausgebacken, mit Zimt und Zucker bestreut; Hutzel-

=Dörrobst, davon auch Hutzelbrüh und Hutzelbrot;
Kärrnersbraten=gefüllter Nabelfleck, benannt nach den Fuhrleuten (Karrenfahrern) der Würzburger Kärrnersgasse; Kesselfleisch=Bauchfleisch; Kissinger-=mit Marmelade gefülltes weiches Hörnchen (s. o.); Klöß=Knödel; grüne Klöß oder Thüringer sind mit rohen Kartoffeln, baumwollne mit gekochten Salzkartoffeln und Kartoffelmehl bereitet; Knieküchle (Kerwaküchla) = Knienudeln = ausgezogene Krapfen, weil man den Teig früher übers Knie zog, um die Mitte dünn, den Rand wulstig zu bekommen; Knöchli-=gesalzenes Eisbein; Knoberla=Knoblauchwurst; Krapfen=Berliner Pfannkuchen; grüne Krapfen=mit Spinat gefüllte Maultaschen; Krautrolln=Kohlrouladen; Kümmerli (lat. cucumer) =kleine, gekrümmte Gewürzgürkchen; Leiterli=gekochte Schweinsrippchenstücke;
Maurerfrühschtück=Limburger mit viel Pfeffer und etwas Essig auf Schwarzbrot; Metzelsupp=Wurstbrüh beim Schlachten; mit Musik=mit Zwiebeln; Nonnekräpfli=ein Gebäck mit viel Zucker und Eigelb, das mit geriebenen Lebkuchen und feingehackter Pomeranzenschale bestrichen wurde; Plätzta=Suppe mit Kartoffelstiften und feingehackten Gemüsen der Jahreszeit;
Rapunzel=Feldsalat (Valerianella locusta); Ribeli=feine Eiergerste (s. o.), die man statt in Fleischbrüh auch in Milch aufkochen kann; gelbe Rüben=Karotten (Möhren); rote Rüben=rote Beete; weiße Rübe=Saat- oder Herbstrübe;
Schafmäule=Feldsalat (Nissel); Schäufele=Kalbs- oder Schweineschulter; Schnitz=gesottenes Ochsenfleisch; Schtorzenärla=Schwarzwurzeln; Schwartelbraten=die gut eingekerbte Schwarte des Schweinebratens wird gegen Schluß der Garzeit zweimal mit Bier bestrichen; Soßfleisch=3–5 Tage gebeiztes Rindfleisch, das in einer Einbrenne von Zucker, Soßlebkuchen, Butter, Mehl und Beize garte; Spatzen=ein Teig aus Mehl und Butter (10:1), 3–5 Eier und Salz wird mit einem Teelöffel in kochendes Salzwasser gegeben; Tellersulz (Sülze)=das gekochte Fleisch von Schweinsknöchli oder Schweinsohr oder Kalbsfuß geschnitten auf Teller gelegt und mit einer entfetteten Brühe übergossen kaltgestellt.
Weck=Brötchen; Weckklöß=Semmelknödel; Weißkraut=Weißkohl (analog Rotkraut=Rotkohl); Zicklesbraten =Geißbraten=Jungziegenbraten; blaue Zipfel=Bratwürste in Spezialsud (s. »Küche und Keller«); Zwetschge (Zwetsche; Quetsche)=Pflaume der Sorte Prunus domestica oeconomica mamillaris und pruneauleana, unentbehrlich für Blatz, Brei und Zwetschgenwasser, Zwiefelblatz=flacher Zwiebelkuchen.

Autoren- und Quellenverzeichnis

Arndt, Ernst Moritz (1769–1860)
Stammte aus einer bäuerlichen Familie zu Schoritz bei Garz auf Rügen, studierte in Greifswald und Jena ev. Theologie, nahm aber kein Pfarramt an, bereiste Deutschland, Ungarn, Italien und Frankreich, ehe er Professor in Greifswald wurde. Seine leidenschaftliche Bejahung des natur- und geschichtsgebundenen Rechtes der Völker macht ihn zum haßerfüllten Feind Napoleons, vor dessen Zugriff er 1812 als Privatsekretär des Freiherrn vom Stein nach St. Petersburg floh. Hier schrieb er den »Katechismus für teutsche Soldaten« und nach seiner Rückkehr 1813 patriotische Lieder (»Der Gott, der Eisen wachsen ließ«). 1818 erhielt er eine Geschichtsprofessur in Bonn, wurde 1820 amtsenthoben, erst 1840 wieder eingesetzt.
Seine begeisterte Beschreibung der Fränkischen Schweiz wurde seinem ersten Werk entnommen: »Reisen durch einen Teil Deutschlands, Ungarns, Italiens und Frankreichs in den Jahren 1798/99«, das erst 1801–1803 in vier Teilen erschien.

Aufseß, Hans Max Freiherr von und zu
1906 in Berchtesgaden geboren, wuchs er in Oberaufseß, dem Stammsitz seiner schon im 11. Jahrhundert nachgewiesenen Familie im Fränkischen Jura auf. Er studierte Jura, war Rechtsanwalt und lange Zeit Generaldirektor der Stiftung der Herzog von Sachsen-Coburg und Gothaischen Familie.
Zahlreiche Veröffentlichungen befassen sich mit fränkischen Themen, so »Fränkische Impressionen«, aus denen der Aufsatz »In Franken fangen sich die Winde« gekürzt entnommen wurde, oder »Der Franke ist ein Gewürfelter«, ein Rundfunkbeitrag.

Buhl, Wolfgang
In Reinsdorf/Sachsen 1925 geboren, kam er nach dem Kriegsdienst 1946 zum Studium der Germanistik, Geschichte und Theaterwissenschaft nach Erlangen, das er 1950 mit dem Dr. phil. abschloß. 1953 begann er als Feuilletonredakteur bei den »Nürnberger Nachrichten«, wechselte 1963 in sein eigentliches Metier als Leiter der Abteilung Wort des Studio Nürnberg des Bayerischen Rundfunks über, dessen Leitung er 1978 übernahm. Wertvolle Sendereihen wie »Barock in Franken« (1969), »Fränkische Städte« (1970), »Poetisches Franken« (1971), »Karolingisches Franken« (1973) u. a. hatten ihn zum Herausgeber, zahlreiche Essays zum Verfasser.
Der Auszug über die fränkische Literatur wurde der Einleitung zum Sammelwerk »Fränkische Klassiker« (1971) entnommen. Die Betrachtung »Großer Gesang der Liebe zum Kleinen« seiner Schrift »Franken, eine deutsche Miniatur« erschien 1978 im Echter Verlag Würzburg.

Dehler, Thomas (1897–1967)
In Lichtenfels am Main als Sohn eines Brauers geboren, studierte er Jura und ließ sich als Rechtsanwalt nieder, war 1924 Mitbegründer des »Reichsbanners Schwarz-Rot-Gold«, des Bundes deutscher Kriegsteilnehmer und Republikaner, das 1933 verboten wurde. 1945 wurde er Landrat, 1946 Generalstaatsanwalt und Landesvorsitzender der FDP in Bayern, 1947 Oberlandesgerichts-Präsident in Bamberg, 1949–53 Bundesjustizminister, dann 1953–56 Fraktionsvorsitzender der FDP im Bundestag, 1954–57 auch Bundesvorsitzender der FDP. Er war ein eigenwilliger Verfechter eines national betonten Liberalismus, der sich wegen seiner konsequenten Art reihenweise Gegner schuf.
Beide Auszüge entstammen der Schrift »Lob auf Franken«, das 1966 aus einem Manuskript für das Studio Nürnberg hervorging und in die Reihe »Fränkische Schatulle« des Verlages Glock & Lutz in Nürnberg aufgenommen wurde.

Dettelbacher, Werner
In Würzburg 1926 geboren, hat er am Siebold-Gymnasium seiner Vaterstadt 27 Jahre in Geschichte, Deutsch, Geographie und Sozialkunde unterrichtet, ehe er infolge einer Kriegsverletzung (Oberschenkelamputation) vorzeitig in den Ruhestand gehen mußte. Neben acht Büchern und zahlreichen Aufsätzen über Würzburger Themen schrieb er die Kunstreiseführer »Franken«, »Zwischen Neckar und Donau«, »Salzburg, Salzkammergut, Oberösterreich« und »Oberpfalz und Niederbayern«.
Er verfaßte im vorliegenden Werk die nichtgezeichneten Beiträge, ausgenommen den über das »Altfränkische«.

Dünninger, Josef
Am Kilianstag (8. 7.) 1905 in Goßmannsdorf vor den Haßbergen geboren, früh durch die Großeltern mit Sagen, Märchen und Geschichten vertraut, legte er zunächst das Lehramtsexamen für Deutsch, Geschichte und Geographie ab, ehe er sich 1933 für Volkskunde habilitierte. Nach seiner Lehrtätigkeit an der Hochschule für Lehrerbildung in Würzburg wurde er 1940 apl. Professor an der Universität Würzburg, nach dem Krieg an der Universität Regensburg, erhielt 1958 eine a.o. Professur in Würzburg und hatte von 1962 bis zur Emeritierung 1972 das Ordinariat inne. In zahlreichen Schriften, die in der 1970 ihm dargebrachten Festschrift »Volkskultur und Geschichte« und den »Bayerischen Blättern für Volkskunde« verzeichnet sind, hat er sich vor allem der Volksfrömmigkeit, Heiligenverehrung und Wallfahrt, den Bildstöcken, Festen und Bräuchen zugewandt.
Sowohl der Abschnitt »Vom scheinbaren Widerspruch im fränkischen Charakter« als auch der »Was vom ›Altfränkischen‹ zu halten ist« sind (allerdings ohne diese Untertitel) aus dem Beitrag »Altfränkisch. Problem und Problematik der Stammescharakteristik« entnommen, der in der »Festschrift für Franz Rolf Schröder« (Würzburg 1959) abgedruckt worden ist.

Heuss, Theodor (1884–1963)
In Brackenheim bei Heilbronn geboren, promovierte er mit einer Arbeit über die Weingärtner in und um Heilbronn, schloß sich früh dem Kreis um F. Naumann an und war 1905–12 Schriftleiter der »Hilfe«, 1912–18 Redakteur in Heilbronn, dann Geschäftsführer des Deutschen Werkbundes in Berlin,

von 1920–33 Dozent an der Hochschule für Politik in Berlin, 1924–28 und 1930–33 Mitglied des Reichstages (Deutsche Demokratische Partei). 1933 politisch ausgeschaltet, arbeitete er an biographischen Werken und schrieb regelmäßig für die »Frankfurter Zeitung«, nach dem Publikationsverbot unter dem Decknamen »Brackenheim«. 1945–46 war er Kultusminister von Nordwürttemberg-Baden, 1947 Professor für neuere Geschichte und politische Wissenschaften in Stuttgart, 1946 Mitbegründer der FDP, Mitglied des Parlamentarischen Rates, 1949 MdB und Fraktionsvorsitzender der FDP, Bundespräsident 1949–59. Er verlieh diesem Amt Würde und Ansehen und galt im Ausland als einer der geistigen Repräsentanten des erneuerten Deutschland.
Der Beitrag »Wanderungen im Fränkischen« (1916) ist dem Sammelband »Theodor Heuss. Von Ort zu Ort« entnommen, den Friedrich Kaufmann und Hermann Leins 1959 in Tübingen herausbrachten.

Immermann, Karl Leberecht (1796–1840)
In Magdeburg geboren, entstammte er einer Beamtenfamilie, nahm 1815 als Freiwilliger am Befreiungskrieg gegen Napoleon teil, wurde Richter in Münster und Magdeburg, 1827 Landgerichtsrat in Düsseldorf. Vom Dienst beurlaubt, leitete er die Düsseldorfer Bühne, an der zeitweilig Felix Mendelssohn-Bartholdy als Operndirektor und Christian Dietrich Grabbe als Dramaturg beschäftigt waren, bis zu deren Schließung im Frühjahr 1837. Bis zur Rückkehr in sein ungeliebtes juristisches Amt im Herbst 1837 unternahm er seine Reise durch Franken und Thüringen. Die Ausschnitte aus »Fränkische Reise. Herbst 1837« sind dem 10. Band seiner »Schriften« (14 Bände, 1835–43) entnommen.

Menck-Dittmarsch, Karl
Karl Dittmarsch, 1819 in Stuttgart geboren, widmete sich nach seinen Studien dem Buchhandel, veröffentlichte seit 1837 größere Reisewerke. Errichtete 1844 in Stuttgart eine literarisch-artistische Anstalt, deren Leistungen so vorzüglich waren, daß der Österreichische Lloyd in Triest ihn 1849 bewog, mit seinem Unternehmen nach Österreich zu übersiedeln. Er gab nun Kupferstichwerke wie »Die Kunstschätze Wiens« u. a. heraus, dazu »Das illustrierte Familienbuch des Österreichischen Lloyd« in 16 Jahrgängen. 1856 gründete er mit Zamarski die Typographisch-literarisch-artistische Anstalt, die über hundert belletristische Titel herausbrachte.
Die Auszüge sind seinem Werk »Der Main von seinem Ursprunge bis zu seiner Mündung« (Mainz 1841–43) entnommen.

Richter, Adrian Ludwig (1803–84)
In Dresden als Sohn eines Kupferstechers geboren, war er zunächst Schüler seines Vaters, bildete sich 1823–26 in Italien zum Maler aus und wirkte von 1828–35 als Zeichenlehrer an der Porzellanmanufaktur in Meißen. Seit 1836 Akademieprofessor in Dresden, widmete er sich der heimischen Landschaft. Die Hinwendung zur Landschaftsdarstellung in Holzschnitt und Radierung brachten ab 1838 die zahlreichen Aufträge zur Buchillustration des Leipziger Verlegers G. Wigand. Er schickte Ludwig Richter 1837 zu Studien für den Band »Franken« des Sammelwerkes »Das malerische und romantische Deutschland« auf Frankenfahrt.

Die Auszüge sind Richters Tagebuch entnommen, das Friedrich Schilling unter dem Titel »Ludwig Richter wandert durch Franken« im »Jahrbuch der Coburger Landesstiftung 1962« publiziert hat.

Riehl, Wilhelm Heinrich (1823–97)
In Biebrich (heute Stadtteil Wiesbadens) geboren, studierte er in Marburg, Tübingen, Gießen und Bonn Theologie und Geschichte, wurde Mitarbeiter der »Frankfurter Oberpostamtszeitung« und der »Karlsruher Zeitung«, gründete 1848 die »Nassauische Allgemeine Chronik«, war Mitglied des Frankfurter Parlaments, 1851 Redakteur der Augsburger »Allgemeinen Zeitung«. 1854 als Professor für Staatswirtschaftslehre nach München berufen, erhielt er 1859 den Lehrstuhl für Kulturgeschichte, wurde 1885 zusätzlich Direktor des Bayerischen Nationalmuseums und Generalkonservator der Kunstdenkmäler und Altertümer Bayerns. Er war einer der Begründer einer selbständigen Gesellschaftslehre und einer wissenschaftlichen Volkskunde in Deutschland. Seine Schriften sind Vorläufer der modernen Soziographie.
Die Auszüge entstammen der Schrift »Wilhelm Heinrich Riehl. Ein Gang durchs Taubertal«, bearbeitet und erläutert von Carlheinz Gräter 1967.

Skasa-Weiß, Eugen (1905–77)
In Nürnberg geboren, studierte er in Kiel, Königsberg und Köln Germanistik und Kunstgeschichte. Schrieb u. a. fünf Katzenbücher und die Literaturastrologie »Selbst in den besten Tierkreisen«, »Aubry Beardsley« und »Auch Deutsche lachen«. Er starb in London, der Stadt, die ihm Asyl während des 3. Reiches geboten hatte.
Die drei Abschnitte sind seinem Werk »Deutschland, deine Franken. Eine harte Nuß in Bayerns Maul« entnommen, das 1971 im Hoffmann und Campe Verlag, Hamburg, herauskam.

Wackenroder, Wilhelm Heinrich (1773–98)
Studierte mit seinem Freund Ludwig Tieck an den Universitäten Erlangen und Göttingen. Seine Kunstansichten, vor allem die Begeisterung für Albrecht Dürer und die gotische Baukunst sind in das einzige Werk eingegangen, das zu Lebzeiten (1797) erschien: »Herzensergießungen eines kunstliebenden Klosterbruders«. Die posthum veröffentlichten »Phantasien über die Kunst« und der mit Tieck begonnene und weitergeführte Roman »Franz Sternbalds Wanderungen« enthalten im Keim die romantische Poesie der Natur, der deutschen Landschaft, des deutschen Mittelalters und die Verehrung der Volkspoesie.
Der gekürzte Abschnitt über Albrecht Dürer ist den »Herzensergießungen« entnommen, die auf die Entdeckung des gotischen Nürnberg im Sommer 1793 zurückgehen, als Wackenroder und Tieck in Erlangen studierten.

Weber, Karl Julius (1767–1832)
In Langenburg, damals Residenzstadt des Fürstentums Hohenlohe-Langenburg, geboren, studierte er Jura in Erlangen, bemühte sich vergeblich um einen Lehrstuhl in Göttingen, war zwei Jahre Hofmeister in einer Bankierfamilie in Bougy am Genfer See. 1792 Kabinettssekretär des Grafen Erbach-Schön-

berg, dem Statthalter des Deutschen Ritterordens in Mergentheim, den er zum Rastatter Kongreß (1797–99) begleitete. Nach Auflösung des Deutschen Ordens kurze Zeit Kanzleidirektor des Grafen Isenburg-Büdingen in Bad König. Nach einer schweren Ehrverletzung kündigte er und begab sich auf Reisen, deren Ertrag in 12 Bänden »Demokrit oder hinterlassene Papiere eines lachenden Philosophen« und vier Bände »Deutschland oder Briefe eines in Deutschland reisenden Deutschen« niedergelegt wurden. 1820–24 war er Abgeordneter des Oberamtes Künzelsau im ersten Landtag des Königreiches Württemberg. Er starb, in der Familie seiner Schwester lebend, in Kupferzell.
Die Auszüge stammen aus einer Zusammenfassung, die unter dem Titel »Karl Julius Weber, Reise durch Franken« 1980 in Stuttgart erschienen ist.

Die Abbildungen wurden aus folgenden Titeln entnommen:

Unser Deutsches Land und Volk. Zweiter Band, Bilder aus der Schwäbisch-Bayerischen Hochfläche, den Neckar- und Maingegenden. Leipzig 1879.
Dürer und seine Zeit. Frankfurt am Main 1953.
Franken. Land, Volk, Geschichte und Wirtschaft. Band I/II. Nürnberg 1955/59.
Burgen, Schlösser und Residenzen in Franken. Frankfurt am Main 1961.
Jahrbuch der Coburger Landesstiftung 1962.
Das Buch vom Frankenwein. Würzburg 1967.
Der Spessart. Waldiges Bergland am Main. Amorbach 1970.
Schlösser und Burgen in Oberfranken. Frankfurt am Main 1972.
Fränkische Abenteurer und Entdecker. Würzburg 1976.
Der Nürnberger Christkindlesmarkt. Würzburg 1976.
Die Mainufer und ihre nächsten Umgebungen. Neuausgabe Würzburg 1977.
Anweisung in der feinern Kochkunst mit besonderer Berücksichtigung der herrschaftlichen und bürgerlichen Küche. Neuausgabe Dortmund 1979.
Lebensbeschreibung des Ritters Götz von Berlichingen mit der Eisernen Hand. Neuausgabe Frankfurt am Main 1980.
Romantisches Abenteuer. Die Fränkische Schweiz. Bamberg o. J.
Ein Mundvoll Frankenwein. Würzburg o. J.